REPERES
PRATIQUES
NaTHaN

La Géographie de la France

G. Labrune

NATHAN

SOMMAIRE

Cadre naturel

La formation de la terre 4
Le cadre français 6
Histoire du relief (1) 8
Histoire du relief (2) 10
Grands ensembles du relief . 12
Les côtes françaises......... 14
Les cours d'eau français 16
Martinique, Guadeloupe,
    Réunion 18
La Guyane et les TOM...... 20
L'atmosphère 22
Fronts et vents 24
Les nuages................ 26
Les précipitations 28
Les températures 30
Lire une carte météo 32
Les climats français 34
Les saisons 36
Les paysages végétaux 38
Les risques naturels 40

Population

L'origine des Français...... 42
La population française 44
Natalité - Mortalité 46
Les couples français 48
Une population urbaine 50
Les paysages urbains 52
Les villages français 54
Les étrangers en France 56
Les religions des Français .. 58
Les Français et la table 60
Les Français et le sport 62
Les Français et la culture... 64
Le logement des Français ... 66

Organisation

Départements et régions 68
La France maritime........ 70
La France scolaire 72
La France militaire 74
La France policière 76
La France judiciaire 78
La France électorale 80
La France médicale 82

Vie économique

La population active 84
L'agriculture française 86
Productions végétales 88
La vigne et le vin 90
L'élevage français 92
La pêche française......... 94
La forêt française 96
L'énergie 98
Les entreprises 100
Des industries traditionnelles
    en crise................. 102
Les industries d'équipement 104
Les industries de pointe 106
Les industries
    agro-alimentaires 108
Le secteur tertiaire 110
Le tourisme............... 112
La durée du travail........ 114
Le chômage 116
Un nouvel espace économique 118
Les revenus des Français ... 120
Le pouvoir d'achat
    des Français 122
Le budget de l'État 124
Le commerce extérieur 126
La suprématie de la route .. 128
Les transports ferroviaires
    et aériens 130
Transports fluviaux
    et maritimes 132

Communication

La presse écrite 134
L'ère de la télécommunication 136
Radios et télévisions 138

France et monde

La France dans la CEE 140
L'Europe verte 142
CEE : de l'océan aux étoiles . 144
La France et le tiers monde . 146
La présence française 148
Géostratégie du monde actuel 150

Population des départements 152
Les régions en chiffres 153
Index 157

© Éditions Nathan, 1988
ISBN : 2-09-177660-2

MODE D'EMPLOI

Divisé en 6 parties, l'ouvrage s'organise par doubles pages. Chaque double page fonctionne de la façon suivante :

Un repérage : les six parties de l'ouvrage.

Un titre annonce le sujet de la double-page.

Quelques lignes situent le sujet développé en donnant les chiffres fondamentaux et en annonçant les idées directrices.

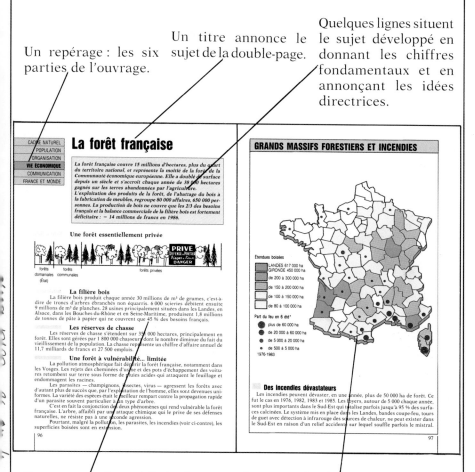

CADRE NATUREL
POPULATION
ORGANISATION
VIE ÉCONOMIQUE
COMMUNICATION
FRANCE ET MONDE

La forêt française

La forêt française couvre 15 millions d'hectares, plus du quart du territoire national, et représente la moitié de la forêt de la Communauté économique européenne. Elle a doublé de surface depuis un siècle et s'accroît chaque année de 38 000 hectares gagnés sur les terres abandonnées par l'agriculture.
L'exploitation des produits de la forêt, de l'abattage du bois à la fabrication de meubles, regroupe 80 000 affaires, 650 000 personnes. La production de bois ne couvre que les 2/3 des besoins français et la balance commerciale de la filière bois est fortement déficitaire : − 14 millions de francs en 1986.

Une forêt essentiellement privée

forêts domaniales (État)   forêts communales   forêts privées

La filière bois

La filière bois produit chaque année 30 millions de m³ de grumes, c'est-à-dire de troncs d'arbres ébranchés non équarris. 6 000 scieries débitent ensuite 9 millions de m³ de planches. 28 usines principalement situées dans les Landes, en Alsace, dans les Bouches-du-Rhône et en Seine-Maritime, produisent 1,8 millions de tonnes de pâte à papier qui ne couvrent que 45 % des besoins français.

Les réserves de chasse

Les réserves de chasse s'étendent sur 35 000 hectares, principalement en forêt. Elles sont gérées par 1 800 000 chasseurs dont le nombre diminue du fait du vieillissement de la population. La chasse représente un chiffre d'affaire annuel de 11,7 milliards de francs et 27 500 emplois.

Une forêt à vulnérabilité... limitée

La pollution atmosphérique fait dépérir la forêt française, notamment dans les Vosges. Les rejets des cheminées d'usine et des pots d'échappement des voitures retombent sur terre sous forme de pluies acides qui attaquent le feuillage et endommagent les racines.

Les parasites — champignons, insectes, virus — agressent les forêts avec d'autant plus de succès que, par l'exploitation de l'homme, elles sont devenues uniformes. La variété des espèces était le meilleur rempart contre la propagation rapide d'un parasite souvent particulier à un type d'arbre.

C'est en fait la conjonction des deux phénomènes qui rend vulnérable la forêt française. L'arbre, affaibli par une attaque chimique qui le prive de ses défenses naturelles, ne résiste pas à une seconde agression.

Pourtant, malgré la pollution, les parasites, les incendies (voir ci-contre), les superficies boisées sont en extension.

96

GRANDS MASSIFS FORESTIERS ET INCENDIES

Étendues boisées

LANDES 617 000 ha
GIRONDE 450 000 ha
de 200 à 300 000 ha
de 150 à 200 000 ha
de 100 à 150 000 ha
de 80 à 100 000 ha

Part du feu en 6 été*

plus de 60 000 ha
de 20 000 à 60 000 ha
de 5 000 à 20 000 ha
de 500 à 5 000 ha
1976-1983

Des incendies dévastateurs

Les incendies peuvent dévaster, en une année, plus de 50 000 ha de forêt. Ce fut le cas en 1976, 1982, 1983 et 1985. Les foyers, autour de 5 000 chaque année, sont plus importants dans le Sud-Est qui totalise parfois jusqu'à 95 % des surfaces calcinées. Le système mis en place dans les Landes, bandes coupe-feu, tours de guet avec détection à infrarouge des sources de chaleur, ne peut exister dans le Sud-Est en raison d'un relief accidenté sur lequel souffle parfois le mistral.

97

Des paragraphes rédigés dans un langage simple excluant tout jargon, de nombreux schémas, graphiques et tableaux font le point sur les différents aspects de la question traitée.

La page de droite développe un point particulier de la page de gauche et lui apporte souvent un précieux complément cartographique.

CADRE NATUREL

POPULATION

ORGANISATION

VIE ÉCONOMIQUE

COMMUNICATION

FRANCE ET MONDE

La formation de la Terre

La Terre se serait formée il y a 4,6 milliards d'années. Les plus anciennes roches terrestres aujourd'hui connues sont situées au sud-ouest du Groenland. Leur datation au moyen de la radio-activité a établi qu'elles sont vieilles de 3,8 milliards d'années. Les continents ont un jour été soudés. Aujourd'hui séparés, ils continuent à « dériver » à la surface du globe terrestre.

La naissance de l'univers

L'Univers serait né il y a 15 milliards d'années d'une explosion brutale désignée sous le nom de Big Bang. Dans sa partie visible au télescope, l'Univers compte cent milliards de galaxies. La Voie lactée, galaxie à laquelle appartient la Terre, comprend 200 millions d'étoiles.

Le système solaire

Le système solaire n'est qu'une infime partie de la Voie lactée. Il serait né il y a 4,6 milliards d'années d'un nuage de gaz et de poussières qui se contracta en tournant de plus en plus rapidement sur lui-même. Au centre se constitua le Soleil. Autour de lui un disque de poussières donna peu à peu naissance à 9 planètes par agglomération des grains de poussière.

Planètes	Distance au soleil	Temps de révolution
Mercure	0,4 UA*	88 jours
Vénus	0,7 UA	0,6 an
Terre	1 UA	1 an
Mars	1,5 UA	1,9 an
Jupiter	5,2 UA	11,9 ans
Saturne	9,6 UA	29,5 ans
Uranus	19 UA	84 ans
Neptune	30 UA	165 ans
Pluton	39,5 UA	249 ans

* UA = unité astronomique, soit 150 millions de kilomètres, la distance Terre - Soleil.

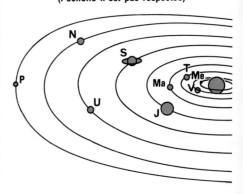

Schéma du système solaire
(l'échelle n'est pas respectée)

La Terre

La Terre, à l'équateur, a une circonférence de 40 000 km pour un diamètre de 12 756 km. Le diamètre polaire est plus court de 40 kilomètres.

La Terre décrit une orbite autour du Soleil en 365 jours un quart. Elle effectue simultanément une rotation sur elle-même autour de l'axe des pôles, ce qui provoque l'alternance jour-nuit. La vitesse de rotation est de 1 676 km/h à l'équateur et de 1 100 km/h en France. L'axe de rotation des pôles est incliné de 66° par rapport au plan défini par l'orbite terrestre.

La Terre a un satellite : la Lune qui est distante de 380 000 km. La Lune décrit une orbite autour de la Terre en 29 jours et demi.

DES CONTINENTS EN PERPÉTUEL MOUVEMENT

La dérive des continents

La théorie de la dérive des continents, avancée en 1912 par Wegener, se fondait sur la coïncidence des formes de l'ouest de l'Afrique et du nord-est de l'Améri-que latine. Elle était confortée par l'existence de certaines roches caractéristiques, de fossiles similaires de fougères et de reptiles sur les deux continents.

Les principales plaques lithosphériques

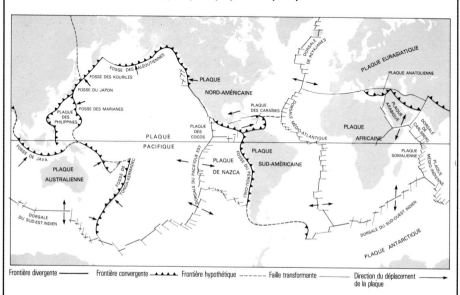

Frontière divergente ——— Frontière convergente ▲▲▲▲ Frontière hypothétique ----- Faille transformante ——— Direction du déplacement ———➤ de la plaque

La tectonique des plaques

La tectonique des plaques modifie la théorie de Wegener en la précisant.

La surface du globe est composée d'une mosaïque de grandes plaques rigides d'une centaine de kilomètres d'épaisseur. Ces plaques dont les frontières ne coïncident pas avec les continents sont comparables à des radeaux flottant sur un matériau plus mou. Elles se déplacent les unes par rapport aux autres de quelques centimètres par an sous l'effet de mouvements intervenant dans la partie supérieure de l'écorce terrestre.

Trois types de frontières de plaques peuvent être distingués. Les frontières divergentes (dorsales) où les plaques se séparent et ont donné naissance aux océans. Les frontières convergentes où les plaques se rapprochent et ont donné naissance aux montagnes (Alpes, Himalaya), aux cordillères (Andes) ou aux fosses océaniques. Les frontières coulissantes où les plaques glissent l'une contre l'autre le long de failles transformantes (faille de San Andreas).

Les frontières des plaques sont les lieux des principaux tremblements de terre.

CADRE NATUREL

POPULATION

ORGANISATION

VIE ÉCONOMIQUE

COMMUNICATION

FRANCE ET MONDE

Le cadre français

La France continentale se situe entre 42°20 et 51°5 de latitude nord, entre 4°47 de longitude ouest et 8°15 de longitude est. La France s'étend sur 551 695 km², ce qui la place au premier rang européen si l'on exclut la partie européenne de l'URSS, et au quarante-cinquième rang mondial. Avec 0,428 % de la superficie des terres émergées, la France paraît modeste si on la compare aux deux grands : elle ne représente que le 1/17e des États-Unis, le 1/40e de l'URSS.

Une France hexagonale et compacte

La France continentale s'inscrit dans un hexagone. Elle est compacte sans être massive. Aucun point du territoire n'est à plus de 500 km d'un rivage. Aucun point n'est à plus de 1 000 km d'un autre. Il est possible, en voiture comme en train de traverser la France d'est en ouest, ou du nord au sud en moins d'une journée.

Une situation privilégiée

La situation de la France est privilégiée dans la mesure où elle est le seul état européen ouvert à la fois sur la mer du Nord, la Manche, l'océan Atlantique et la mer Méditerranée. La France supporte entre Atlantique et Méditerranée le plus étroit des isthmes européens : 360 km entre le golfe de Gascogne et le golfe du Lyon.

Finistère ancré à l'ouest de l'Europe, zone de contact entre l'Europe du nord et celle du sud, la France est en situation de carrefour maritime et continental ; elle occupe une position clef au sein de la Communauté économique européenne.

Des frontières... naturelles ?

Les frontières de la France continentale s'étendent sur 5 500 km. Les frontières terrestres, qui représentent les trois cinquièmes, s'appuient sur des ensembles naturels : à l'est le Rhin, le Jura et les Alpes, au sud les Pyrénées. Seules les frontières du nord et du nord-est paraissent artificielles, conventionnelles : elles coupent des plaines et des vallées fluviales. Dans la réalité, le tracé des frontières terrestres ne coïncide pas souvent avec les limites des régions naturelles. Ainsi, dans les Pyrénées, sur près de la moitié de sa longueur, la frontière ne suit pas la ligne de partage des eaux (voir p. 13). Il en est de même dans le Jura et les Alpes-maritimes.

Les frontières sont des créations politiques. Elles ne correspondent d'ailleurs pas non plus aux limites du parler français. Elles sont le fruit de l'histoire, le résultat des rapports de la France avec les pays voisins. Et si la frontière pyrénéenne est stable depuis 1659, la frontière de l'est n'a été stabilisée qu'après la première guerre mondiale.

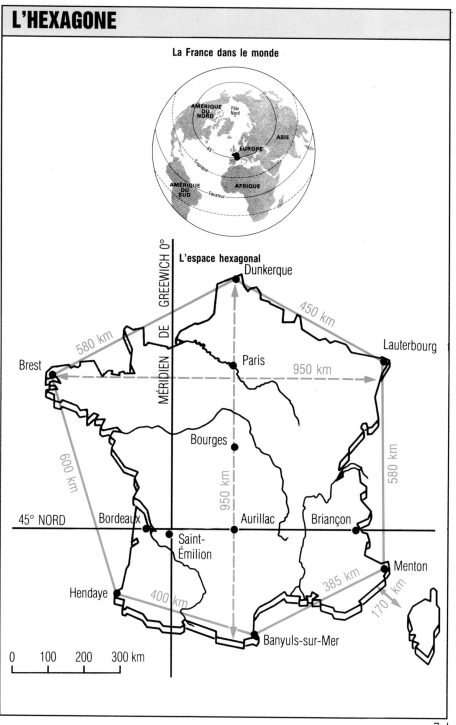

La France dans le monde

L'espace hexagonal

| CADRE NATUREL |
| POPULATION |
| ORGANISATION |
| VIE ÉCONOMIQUE |
| COMMUNICATION |
| FRANCE ET MONDE |

Histoire du relief (1)

L'histoire géologique, connue par l'existence de nombreux fossiles ne commence qu'il y a 570 millions d'années. Quatre grandes périodes ont pu être distinguées : l'ère primaire (345 millions d'années), l'ère secondaire (170 millions d'années), l'ère tertiaire (65 millions d'années) et l'ère quaternaire (2 millions d'années).

Les plus anciennes roches françaises connues sont situées dans le Massif armoricain, entre le Cap de la Hague et Cherbourg. Leur datation au moyen de la radioactivité a établi qu'elles sont vieilles de 2 500 millions d'années.

Les temps géologiques

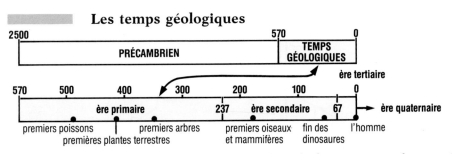

Si l'on prend comme référence la plus vieille roche française et que l'on représente l'histoire du relief français par une année, les neuf premiers mois (Précambrien) sont mal connus. L'ère primaire commence le premier octobre, l'ère secondaire le 20 novembre, l'ère tertiaire le 15 décembre, l'ère quaternaire le 31 décembre à 9 heures du matin. L'homme capable de tailler une pierre ne survient que vers 16 heures. L'homme de Cromagnon, homo sapiens, n'apparaît que vers 23 h 45 le dernier jour de l'année.

L'ère primaire : le plissement hercynien

L'ère primaire (345 millions d'années) est marquée par un violent plissement hercynien (du nom de Hartz en Allemagne) qui a donné naissance à des montagnes élevées formées de chaînes plissées et de massifs cristallins (granit) : le nord et le centre du Massif Central, le Massif armoricain, les Vosges et les Ardennes.

A la fin de l'ère primaire, les chaînes hercyniennes, usées, rabotées par l'érosion ont été réduites à l'état de pénéplaines. La France n'est plus qu'une surface faiblement accidentée.

L'ère secondaire : la France sous les eaux

L'ère secondaire (170 millions d'années) est marquée par de grandes invasions de la mer sans qu'il soit toujours possible de préciser les limites exactes de ces transgressions marines. Cette mer généralement peu profonde (50 à 100 mètres) dépose sur la pénéplaine hercynienne d'épaisses couches de sédiments (argiles, craies, sables). Certaines parties du socle s'affaissent lentement sous le poids des sédiments, donnant naissance à des cuvettes : le Bassin parisien et le Bassin aquitain.

Un gigantesque fossé se forme progressivement au sud-est, à l'emplacement des Alpes. Les dépôts s'accumulent sur une épaisseur énorme dans le géosynclinal alpin.

LA FRANCE A L'ÈRE PRIMAIRE ET SECONDAIRE

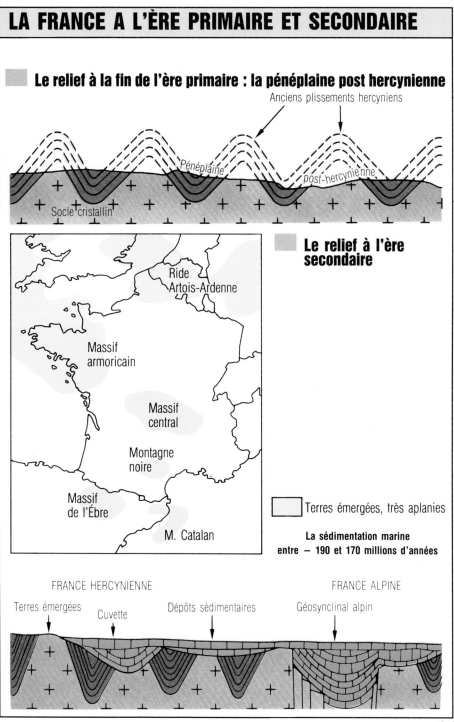

Le relief à la fin de l'ère primaire : la pénéplaine post hercynienne

Anciens plissements hercyniens

Pénéplaine

post-hercynienne

Socle cristallin

Le relief à l'ère secondaire

Ride Artois-Ardenne

Massif armoricain

Massif central

Montagne noire

Massif de l'Ébre

M. Catalan

Terres émergées, très aplanies

La sédimentation marine entre − 190 et 170 millions d'années

FRANCE HERCYNIENNE

FRANCE ALPINE

Terres émergées

Cuvette

Dépôts sédimentaires

Géosynclinal alpin

CADRE NATUREL
POPULATION
ORGANISATION
VIE ÉCONOMIQUE
COMMUNICATION
FRANCE ET MONDE

Histoire du relief (2)

Le relief français résulte de la conjonction de trois phénomènes dont l'importance varie au fil du temps : création de reliefs (soulèvements et effondrements), constitution de dépôts au fond des mers (sédimentation), destruction du relief par des agents d'érosion (eau, vent, organismes vivants).

Les grands ensembles du relief sont en place à la fin de l'ère tertiaire et deux France s'opposent : une France alpine et pyrénéenne avec de hautes montagnes, une France hercynienne où voisinent massifs anciens rajeunis, bassins sédimentaires et plaines d'effondrement.

L'aspect actuel du relief provient de modifications intervenues au cours des variations climatiques de l'ère quaternaire.

L'ère tertiaire : le surgissement pyrénéo-alpin

L'ère tertiaire (65 millions d'années) est marquée par le surgissement des Pyrénées et des Alpes sur la frontière convergente des plaques euro-asiatique et africaine (voir page 5).

Les Pyrénées surgissent en premier à la suite d'un important soulèvement de blocs fracturés du socle hercynien et du plissement des sédiments déposés dans les mers de bordure.

Les Alpes naissent par saccades tout au long du tertiaire. C'est d'abord la masse du géosynclinal qui surgit et se plisse violemment en donnant par endroits naissance à des nappes de charriage. Le vieux socle cristallin se soulève par la suite dans la zone centrale. La totalité du massif subit enfin une élévation d'ensemble à la fin du tertiaire.

Le Jura s'édifie en même temps que les Alpes.

Les massifs anciens, à proximité, subissent le contrecoup du soulèvement alpin. Les Vosges et le Massif Central sont ainsi rehaussés mais certaines parties se faillent, des effondrements se produisent dans la vallée du Rhin, la vallée du Rhône, la Limagne. Ces mouvements, notamment dans le Massif Central s'accompagnent d'une importante activité volcanique.

L'ère quaternaire : le temps des glaciers

L'ère quaternaire (2 millions d'années) est marquée par la succession de quatre phases glaciaires alternant avec des périodes plus chaudes. Les montagnes au-dessus de 1 000 m sont alors couvertes de glaciers qui creusent des vallées en auge, des cirques, et accumulent des débris, des moraines, au pied des chaînes. De fines particules, arrachées aux moraines par le vent, le loess s'accumulent en Alsace et dans le Bassin parisien.

De nouvelles éruptions volcaniques se produisent jusque vers 5750 avant J.-C. et créent dans le Massif Central la chaîne des Puys.

Les variations du niveau de la mer, en liaison avec les phases climatiques, atteignent plusieurs dizaines de mètres, et provoquent le creusement des vallées fluviales. La disparition des glaciers, il y a plus de 10 000 ans, entraîne la dernière transgression marine, la transgression flandrienne qui donne naissance à la Manche tandis que les vallées inférieures des fleuves sont envahies par la mer.

LE SURGISSEMENT PYRÉNÉO-ALPIN

Les contrecoups du surgissement pyrénéo-alpin

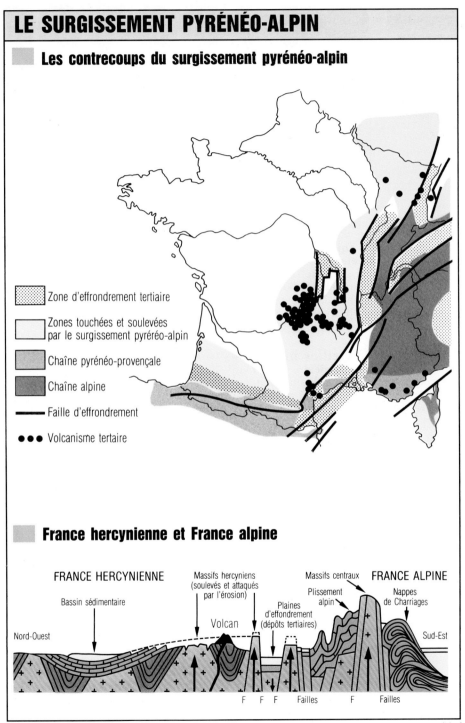

Zone d'effrondrement tertiaire

Zones touchées et soulevées par le surgissement pyréréo-alpin

Chaîne pyrénéo-provençale

Chaîne alpine

Faille d'effrondrement

●●● Volcanisme tertaire

France hercynienne et France alpine

FRANCE HERCYNIENNE

Massifs hercyniens (soulevés et attaqués par l'érosion)

Massifs centraux   FRANCE ALPINE

Bassin sédimentaire

Plissement alpin

Nappes de Charriages

Plaines d'effondrement (dépôts tertiaires)

Volcan

Nord-Ouest

Sud-Est

F   F   F   Failles   F   Failles

CADRE NATUREL

POPULATION

ORGANISATION

VIE ÉCONOMIQUE

COMMUNICATION

FRANCE ET MONDE

Grands ensembles du relief

Le relief français offre une grande variété de paysages. Il est modéré dans son ensemble. L'altitude moyenne de la France continentale est de 342 mètres. Près des deux tiers du territoire se situent en dessous de 250 m, près du quart en dessous de 100 m. Les reliefs supérieurs à 1000 m occupent moins de 7 % de la surface du pays. Ils se dressent aux frontières, au sud où les Pyrénées atteignent 3298 m, à l'est où les Alpes atteignent 4807 m au mont Blanc, point culminant européen.

De vastes bassins sédimentaires

Le Bassin Aquitain. 80 000 km² (1/7e du territoire), altitude moyenne 135 mètres. Vaste étendue ouverte sur l'Atlantique, il se relève à près de 500 m au sud et à l'est où il s'appuie sur les Pyrénées et le Massif Central.

Le Bassin Parisien. 180 000 km² (près du tiers du territoire), altitude moyenne 178 mètres. C'est une vaste cuvette relevée vers l'est. Là, il atteint 500 m dans un relief de « côtes » en arcs de cercle où alternent talus et dépressions.

De vieilles montagnes aux sommets arrondis

Le Massif Armoricain. 70 000 km², altitude moyenne 104 mètres, Monts d'Arrée 384 m (7). C'est plus un plateau qu'une montagne.

Les **Vosges.** 8 700 km², altitude moyenne 530 mètres, Ballon de Guebwiller 1 424 m (6). Le versant abrupt dominant la plaine d'Alsace contraste avec le versant s'inclinant en pente douce vers la Lorraine.

Le Massif Central. 90 000 km² (1/6e du territoire), altitude moyenne 715 mètres, Puy de Sancy 1 886 m (4). C'est une grande dalle basculée, plus élevée à l'est où il surplombe le sillon rhodanien. Le long de failles orientées nord-sud, s'alignent des reliefs volcaniques : le Cantal, le plus important volcan européen et les 80 volcans de la chaîne des Puys.

Des montagnes récentes aux fortes dénivellations

La Corse. 8 500 km², altitude moyenne 570 mètres, mont Cinto 2 710 m (3).

Le Jura. 5 840 km², altitude moyenne 660 m, crêt de la Neige 1 718 m (5). Les plateaux qui s'élèvent en gradins entre 500 m et 1 000 m à l'ouest s'opposent à la chaîne plissée régulière qui domine la Suisse par un versant abrupt.

Les Pyrénées. 18 000 km², altitude moyenne 1 088 m, Pic Vignemale 3 298 m (2), 5 sommets supérieurs à 3 000 m, 21 km² de glaciers. C'est une chaîne massive au relief cloisonné dont la partie centrale, fortement marquée par l'empreinte glaciaire fait barrière aux communications.

Les Alpes. 35 000 km², altitude moyenne 1 121 m, Mont Blanc 4 807 m (1), 5 sommets supérieurs à 4 000 m, 24 à plus de 3 000 m, 300 km² de glaciers. Les Alpes du nord, avec un relief ordonné en bandes orientées du nord-est au sud-ouest, s'opposent au relief plus confus des Alpes du sud. Un quadrillage de vallées en auge s'agence le long du vaste couloir glaciaire du sillon alpin. Il constitue de larges voies de pénétration qui facilitent les échanges dans le massif alpin.

LE RELIEF FRANÇAIS

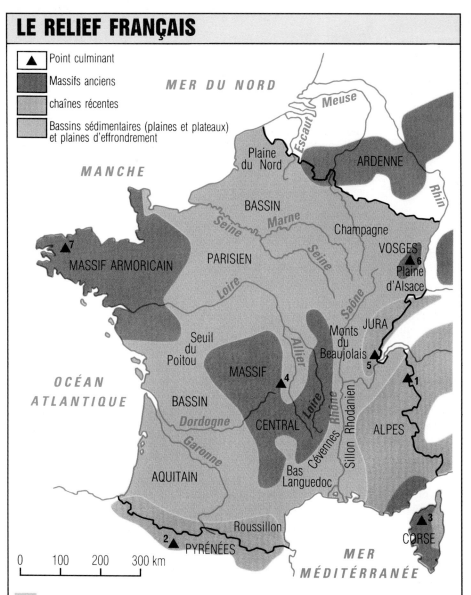

Légende :
- ▲ Point culminant
- Massifs anciens
- chaînes récentes
- Bassins sédimentaires (plaines et plateaux) et plaines d'effrondrement

MER DU NORD

Meuse

MANCHE

Plaine du Nord

ARDENNE

Escaut

Rhin

BASSIN

Marne

Seine

Champagne

VOSGES ▲6

PARISIEN

Plaine d'Alsace

▲7 MASSIF ARMORICAIN

Loire

Seine

Saône

JURA

Seuil du Poitou

Monts du Beaujolais

▲5

OCÉAN ATLANTIQUE

Allier

MASSIF ▲4

▲1

BASSIN

Loire

ALPES

Dordogne

CENTRAL

Cévennes

Rhône

Sillon Rhodanien

Garonne

AQUITAIN

Bas Languedoc

Roussillon

▲3 CORSE

2 ▲ PYRÉNÉES

MER MÉDITÉRRANÉE

0   100   200   300 km

L'organisation du relief

Le relief s'organise de part et d'autre d'une ligne directrice qui dessine un S : crête des Vosges, plateau de Langres, crêtes des monts du Beaujolais, escarpement des Cévennes. Cette ligne jalonne la limite entre la France hercynienne et la France pyrénéo-alpine. Elle joue le rôle de ligne de partage des eaux et sépare les fleuves et rivières orientés vers l'Atlantique et ceux orientés vers la Méditerranée.

CADRE NATUREL
POPULATION
ORGANISATION
VIE ÉCONOMIQUE
COMMUNICATION
FRANCE ET MONDE

Les côtes françaises

Les côtes françaises s'allongent sur plus de 6 200 km si l'on tient compte des découpures. Elles offrent une grande variété de formes et de sites résultant de la diversité des reliefs de l'arrière-pays, de multiples natures de roches et de leur inégale résistance aux courants côtiers et à l'érosion marine.
Le tracé actuel du rivage date d'il y a 6 000 à 8 000 ans quand, après la fonte des derniers glaciers, la mer a progressivement atteint son niveau actuel.

Les marées

La marée se produit deux fois par jour avec un décalage de 50 mn chaque jour. Elle se manifeste par une montée des eaux qui dure environ 6 h, le flux, suivi d'une baisse des eaux de même durée, le reflux. Elle résulte de l'attraction exercée par la Lune et le Soleil sur la masse d'eau des océans.

Les mers bordières

L'Océan Atlantique, la Manche et la Mer du Nord se caractérisent par de fortes marées, une plate-forme continentale qui s'élargit de Biarritz vers le nord, des masses d'eau tiédie par le courant chaud de la dérive nord-atlantique et une eau au taux de salinité moyen : 34,72 grammes de sel par litre.

La mer Méditerranée ne connaît que de très faibles marées. Sa plate-forme continentale, réduite dans le golfe du Lyon, disparaît à l'est de Toulon. Ses eaux sont plus chaudes et plus salées : plus de 37 grammes de sel par litre.

Les côtes rocheuses

Les côtes rocheuses, souvent élevées, bordent un arrière-pays montagneux. Elles ont un tracé sinueux et très découpé : c'est le résultat de l'envahissement par la mer des parties basses du littoral.

Les côtes bretonnes, parsemées d'îlots et d'archipels, offrent de multiples baies et de nombreuses vallées fluviales ennoyées dans lesquelles s'engouffre la marée montante : on parle d'abers ou de rias.

Les côtes provençales présentent d'étroits couloirs aux bords escarpés et taillés dans le calcaire. Ce sont des calanques que la mer a envahies.

Les côtes à falaises

Les côtes à falaises bordent les plateaux picards et normands. D'importantes parois verticales dominent des plages de galets.

Les côtes basses

Les côtes basses bordent les plaines. Elles sont sableuses et rectilignes en Flandre et dans les Landes où elles s'étirent en un cordon de dunes modelées par le vent. Elles sont sableuses et incurvées sur la côte languedocienne. Là, les courants côtiers ont construit des flèches de sable, des cordons littoraux qui ont isolé des étangs côtiers ou des nappes d'eau de mer (des lagunes) reliées à la Méditerranée par d'étroits passages (les graus).

TYPES DE CÔTES ET DE PLAGES

La force des marées varie dans l'année et selon les régions. Sur l'Océan Atlantique, l'écart du niveau marin entre la marée haute et la marée basse est partout supérieur à 4 mètres. Dans la baie du Mont-Saint-Michel il peut atteindre 16 mètres les jours de grande marée. La mer remonte alors à 30 km/h (8,3 m/s), soit la vitesse d'un cheval au galop.

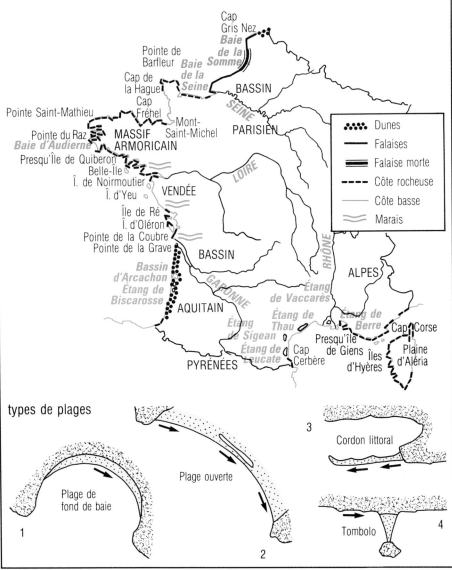

types de plages

1. Plage de fond de baie
2. Plage ouverte
3. Cordon littoral
4. Tombolo

CADRE NATUREL

POPULATION

ORGANISATION

VIE ÉCONOMIQUE

COMMUNICATION

FRANCE ET MONDE

Les cours d'eau français

Les cours d'eau sont présents partout en France, mais ils restent modestes par leurs dimensions et leurs débits. Ils ont des régimes variés en raison de la diversité des conditions d'écoulement (pente, nature des terrains traversés) et de la différence des modes d'alimentation (nature et répartition saisonnière des précipitations).

Quatre grands bassins fluviaux (Seine, Loire, Garonne et Rhône) couvrent 63 % du territoire et représentent 70 % de l'écoulement total.

La Seine

Longueur 776 km, bassin 78 000 km², source à 471 m à St-Seine-l'Abbaye (Côte d'Or), débit à l'embouchure 500 m³/s. La Seine décrit de nombreux méandres dans de larges vallées alluviales. Elle connaît une période de hautes eaux en janvier/février et un étiage (débit le plus faible) en été. Son régime régulier n'empêche pas certaines années l'existence de grandes crues.

La Loire

Longueur 1 012 km, bassin 115 120 km², source à 1 408 m au Mont Gerbier des Joncs (Ardèche), débit à l'embouchure 935 m³/s. La Loire est un fleuve irrégulier aux crues brusques et violentes : la plupart de ses affluents descendent comme elle du Massif Central et reçoivent parfois simultanément des précipitations. Elle connaît une période de hautes eaux de décembre à mars, un étiage de juillet à septembre. Son cours moyen est encombré de bancs de sable.

La Garonne

Longueur 575 km dont 524 en France, bassin 56 000 km², source en Espagne à 1 872 m, débit à l'embouchure 680 m³/s. La Garonne, qui coule dans une large vallée alluviale en terrasses, a un régime très irrégulier. Quand à la fonte des neiges s'ajoutent des pluies océaniques, des crues catastrophiques se produisent. Elle connaît une période de hautes eaux de décembre à avril, un étiage d'août à septembre. A son embouchure, elle mélange ses eaux à la Dordogne pour former le plus vaste estuaire de France (72 km de long).

Le Rhône

Longueur 812 km dont 520 en France, bassin 97 800 km², source à 1 753 m en Suisse, débit à l'embouchure 1 780 m³/s. Le plus puissant des fleuves français est domestiqué par de nombreux aménagements. Abondant toute l'année en raison des régimes variés de ses affluents, il connaît une période de hautes eaux de mars à juillet et un étiage en août/septembre. Il se jette dans la Méditerranée au travers d'un delta de plus de 50 km constitué par ses alluvions.

Le Rhin

Longueur 1 300 km dont 190 sur la frontière française. Il a un débit de 1 100 m³/s à Strasbourg et connaît de hautes eaux en mai juin.

LES GRANDS FLEUVES FRANÇAIS

Grands bassins fluviaux

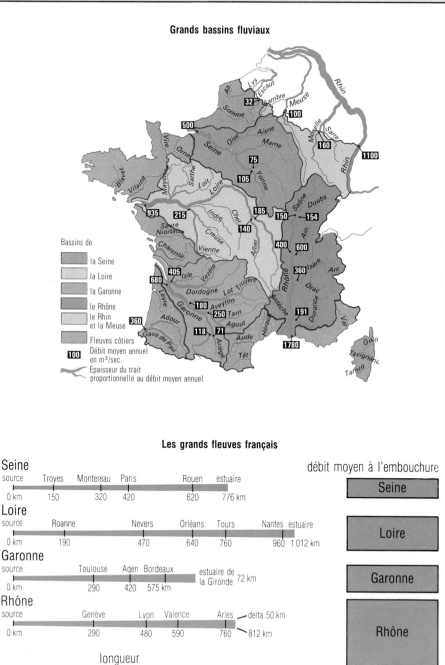

Bassins de

- la Seine
- la Loire
- la Garonne
- le Rhône
- le Rhin et la Meuse
- Fleuves côtiers

100 Débit moyen annuel en m³/sec.

Epaisseur du trait proportionnelle au débit moyen annuel

Les grands fleuves français

débit moyen à l'embouchure

Seine
source | Troyes | Montereau | Paris | Rouen | estuaire
0 km | 150 | 320 | 420 | 620 | 776 km

Loire
source | Roanne | Nevers | Orléans | Tours | Nantes estuaire
0 km | 190 | 470 | 640 | 760 | 960 | 1 012 km

Garonne
source | Toulouse | Agen Bordeaux | estuaire de la Gironde 72 km
0 km | 290 | 420 | 575 km

Rhône
source | Genève | Lyon | Valence | Arles delta 50 km
0 km | 290 | 480 | 590 | 760 | 812 km

longueur

Seine

Loire

Garonne

Rhône

CADRE NATUREL

POPULATION

ORGANISATION

VIE ÉCONOMIQUE

COMMUNICATION

FRANCE ET MONDE

Martinique, Guadeloupe, Réunion

La France est présente dans toute les régions du monde par ses départements et territoires d'outre-mer. Ces terres éloignées ont, dans la communauté nationale une importance stratégique, culturelle, économique. La population des DOM-TOM compte 1 650 000 personnes auxquelles il faut ajouter 402 000 natifs des DOM-TOM émigrés en métropole où ils sont venus chercher du travail. Six sur dix d'entre eux habitent la région parisienne. La Martinique, la Guadeloupe et la Réunion présentent, en plus de leur insularité, de nombreux traits communs.

Des îles volcaniques

Ces îles, excepté la Grande-Terre de la Guadeloupe, sont marquées par un volcanisme toujours actif. Les craintes d'une éruption à La Soufrière (Guadeloupe) ont nécessité, en 1976, l'évacuation de 70 000 habitants de Basse-Terre. La Montagne Pelée a tué, en 1902, les 30 000 habitants de Saint-Pierre de la Martinique. Seul le Piton de la Fournaise (la Réunion) paraît moins menaçant. Les volcans laissent peu de place aux plaines reléguées sur le littoral ou au fond des vallées.

Des démographies parallèles

Les populations créoles (nées dans les îles) sont issues d'un important métissage, ce qui n'empêche pas l'existence d'une hiérarchie sociale fondée sur les appartenances ethniques.

Les densités sont fortes sur les trois îles qui regroupent les trois quarts des effectifs des DOM-TOM : 185 habitants/km² en Guadeloupe, 206 à la Réunion, 299 en Martinique. En métropole, seuls 14 départements dépassent 185 h/km².

Les moins de 20 ans représentent 46 % des effectifs (29,9 % en métropole). Le nombre moyen d'enfants par femme est passé de plus de cinq en 1967 à moins de trois aujourd'hui. Mais la mortalité a chuté dans le même temps et l'accroissement naturel est resté nettement positif. Cela provoque une importante émigration vers la métropole où le nombre de natifs des DOM-TOM a été multiplié par 3,5 depuis 1968.

Des économies dépendantes

L'activité économique des îles est entièrement tournée vers la métropole.

L'agriculture essaie de développer à côté de productions traditionnelles héritées de l'économie de plantation (canne à sucre, rhum, banane) la culture de fruits tropicaux (avocat, citron vert) et de primeurs (aubergine) à destination du marché métropolitain.

L'industrie est presque inexistante. Elle souffre d'une totale dépendance énergétique pour les hydrocarbures importés, et des surcoûts salariaux : la main-d'œuvre est plus chère que dans les pays voisins. Le chômage est important, notamment chez les jeunes.

Les trois quarts du produit intérieur brut sont constitués par les aides et salaires versés depuis la métropole. Le tourisme apporte une contribution intéressante, sauf à la Réunion où il est encore embryonnaire.

TRAITS PRINCIPAUX

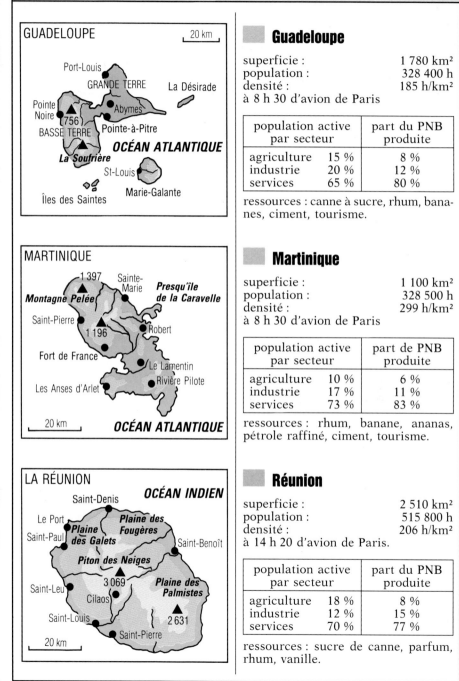

GUADELOUPE

Port-Louis
GRANDE TERRE   La Désirade
Pointe
Noire   Abymes
756
BASSE TERRE   Pointe-à-Pitre
La Soufrière   *OCÉAN ATLANTIQUE*
St-Louis
Îles des Saintes   Marie-Galante

Guadeloupe

superficie :	1 780 km²
population :	328 400 h
densité :	185 h/km²
à 8 h 30 d'avion de Paris	

population active par secteur		part du PNB produite
agriculture	15 %	8 %
industrie	20 %	12 %
services	65 %	80 %

ressources : canne à sucre, rhum, bananes, ciment, tourisme.

MARTINIQUE

1 397   Sainte-Marie   *Presqu'île de la Caravelle*
Montagne Pelée
Saint-Pierre   1 196   Robert
Fort de France   Le Lamentin
Les Anses d'Arlet   Rivière Pilote
20 km   *OCÉAN ATLANTIQUE*

Martinique

superficie :	1 100 km²
population :	328 500 h
densité :	299 h/km²
à 8 h 30 d'avion de Paris	

population active par secteur		part de PNB produite
agriculture	10 %	6 %
industrie	17 %	11 %
services	73 %	83 %

ressources : rhum, banane, ananas, pétrole raffiné, ciment, tourisme.

LA RÉUNION

OCÉAN INDIEN
Saint-Denis
Le Port   *Plaine des Fougères*
Saint-Paul   *Plaine des Galets*
Saint-Benoît
Piton des Neiges
3 069   *Plaine des Palmistes*
Saint-Leu
Cilaos
Saint-Louis   2 631
20 km   Saint-Pierre

Réunion

superficie :	2 510 km²
population :	515 800 h
densité :	206 h/km²
à 14 h 20 d'avion de Paris.	

population active par secteur		part du PNB produite
agriculture	18 %	8 %
industrie	12 %	15 %
services	70 %	77 %

ressources : sucre de canne, parfum, rhum, vanille.

| CADRE NATUREL |
| POPULATION |
| ORGANISATION |
| VIE ÉCONOMIQUE |
| COMMUNICATION |
| FRANCE ET MONDE |

La Guyane et les TOM

A côté de la Martinique, de la Guadeloupe et de la Réunion, les six autres entités territoriales d'outre-mer sont bien moins peuplées et très différentes les unes des autres.
La Guyane constitue le quatrième DOM français. Trois territoires d'outre-mer sont dispersés dans l'océan Pacifique : la Nouvelle-Calédonie, la Polynésie française et Wallis-et-Futuna. Deux collectivités territoriales disposent d'un statut spécial : Mayotte et Saint-Pierre-et-Miquelon.

La Guyane

La Guyane est située au nord-est de l'Amérique du Sud. Le climat équatorial favorise le développement d'une luxuriante forêt qui couvre 82 % du sol. La population est composée de blancs, de noirs, d'indiens et de réfugiés du sud-est asiatique. Elle est concentrée dans une étroite bande côtière. Avec une agriculture qui ne couvre pas ses besoins et une forêt mal exploitée, la Guyane vit suspendue au succès ou à l'insuccès du programme Ariane-espace qui conditionne le maintien de la base de Kourou.

La Nouvelle-Calédonie

La Nouvelle-Calédonie est une île montagneuse située à 1 500 km à l'est de l'Australie. Elle bénéficie d'un climat tropical salubre. Sa population est constituée d'indigènes, les canaques, qui représentent 43 % de la population, d'européens (37 %) et de peuples des îles voisines (20 %).

L'agriculture calédonienne ne couvre, en valeur, que le tiers des besoins alimentaires du territoire. La prospérité de l'île repose sur la production de nickel dont elle renferme le quart des réserves mondiales. Mais le cours du nickel baisse sur le marché mondial depuis 1980.

Les archipels du Pacifique

La Polynésie française est constituée par 5 archipels qui regroupent 140 îles d'origines volcaniques ou coralliennes (atolls). Les polynésiens de souche représentent 80 % de la population. Les indigènes vivent de la pêche et de la culture de la noix de coco, mais l'agriculture est insuffisante pour nourrir la population. Le centre d'expérimentation du Pacifique et son pas de tir atomique implanté à Mururoa, dans les îles Gambier, a créé une fragile prospérité.

Les 255 km² de l'archipel de **Wallis-et-Futuna** ne permettent pas de nourrir une population de 12 000 personnes : les jeunes s'exilent.

Mayotte, St-Pierre-et-Miquelon, Terres australes

Mayotte (375 km², 67 000 h) : les ressources de cette île des Comores sont agricoles (noix de coco, vanille et plantes à parfum).

Saint-Pierre-et-Miquelon (242 km², 6 000 h) : ce petit archipel au sud de Terre-Neuve a un climat froid qui empêche toute culture. Ses ressources proviennent d'une pêche très active et du tourisme canadien et américain.

Les Terres australes et antarctiques, et la Terre Adélie, tranche de la calotte glaciaire du pôle sud, n'abritent que des stations scientifiques.

TRAITS PRINCIPAUX

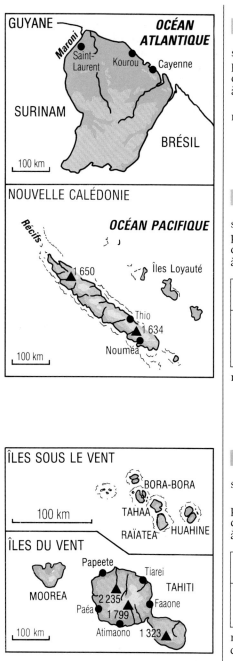

▥ Guyane

superficie :   91 000 km²
population :   73 000 h
densité :   moins d'1 h/km²
à 8 h 50 d'avion de Paris

ressource : base aérospatiale

▥ Nouvelle-Calédonie

superficie :   19 058 km²
population :   145 000 h
densité :   8 h/km²
à 23 h 45 d'avion de Paris

population active par secteur		part de PNB produite
agriculture	35 %	5 %
mines	5 %	5 %
industrie	20 %	15 %
services	40 %	75 %

ressources : nickel, minerai de chrome.

▥ Polynésie française

superficie :   4 000 km²
       dont 3 265 d'îles habitées.
population :   167 000 h
densité :   42 h/km²
à 23 h 20 d'avion de Paris.

population active par secteur		part du PNB produite
agriculture	16 %	8 %
industrie	19 %	17 %
services	65 %	75 %

ressources : coprah, vanille, centre d'expérimentation du Pacifique.

CADRE NATUREL
POPULATION
ORGANISATION
VIE ÉCONOMIQUE
COMMUNICATION
FRANCE ET MONDE

L'atmosphère

L'atmosphère est la couche d'air qui entoure la Terre. Les phénomènes météorologiques que nous subissons se moquent des frontières. Le temps qu'il fait sur la France dépend de centres de pression qui se forment à des milliers de kilomètres, et de la circulation atmosphérique planétaire.

L'air qui nous entoure

L'air est composé de gaz permanents : l'azote et l'oxygène (pour 99 %) et de gaz à concentration variable : la vapeur d'eau, l'ozone et le gaz carbonique. Il contient aussi, en suspension, un grand nombre de particules microscopiques : débris minéraux, pollens, cendres, poussières volcaniques ou industrielles. L'air que nous respirons renferme 100 000 grains de poussière par cm³. L'air pur 1 000 fois moins, mais on ne le rencontre qu'au-dessus des océans, ou qu'au-delà de 4 000 mètres d'altitude.

L'air a un poids et exerce une pression. Chaque cm² de surface terrestre en bord de mer supporte une colonne d'air de 1 kg.

La structure verticale de l'atmosphère

L'irrégularité de la répartition des molécules d'air provoque des variations de température qui permettent de distinguer plusieurs couches.

• La couche d'ozone fait effet de filtre régulateur en absorbant la plus grande partie des radiations ultra-violettes émises par le Soleil.

• C'est aux environs de 30 km que le ciel devient complètement noir. La densité de l'air est infime, or c'est la diffusion privilégiée par les molécules d'air des radiations courtes (bleues et violettes) émises par le soleil, qui font que notre ciel est bleu.

• C'est la couche turbulente de l'atmosphère dans laquelle se développent pratiquement tous les phénomènes météorologiques. Elle concentre la plus grand part du gaz carbonique et la quasi-totalité de la vapeur d'eau. De ce fait, elle conserve la chaleur solaire réfléchie par le sol.

Dans la troposphère, la température diminue de 1° par 100 m en air sec, de 0,5° en air humide.

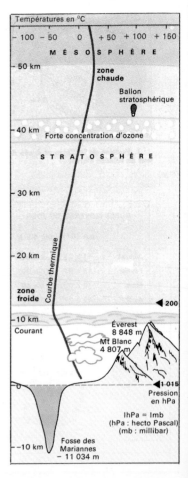

Températures en °C

−100 −50 0 +50 +100 +150

MÉSOSPHÈRE

− 50 km   zone chaude

Ballon stratosphérique

− 40 km   Forte concentration d'ozone

STRATOSPHÈRE

− 30 km

− 20 km

Courbe thermique

zone froide

◀ 200

− 10 km
Courant

Éverest 8 848 m
Mt Blanc 4 807 m

0   ◀ 1 015
Pression en hPa

1hPa = 1mb
(hPa : hecto Pascal)
(mb : millibar)

−10 km   Fosse des Mariannes − 11 034 m

LA CIRCULATION ATMOSPHÉRIQUE

Un mécanisme complexe et mutiple

La circulation atmosphérique résulte de gigantesques échanges entre masses d'air de température et de pression inégales.

Les rayons du Soleil donnent vie au moteur thermique qui organise la circulation atmosphérique. Ce sont eux qui sont à l'origine des importants mouvements verticaux et horizontaux qui déterminent les déplacements des masses d'air.

Les rayons du Soleil

Le rayonnement solaire varie à la surface de la Terre : en durée selon la saison, en intensité selon l'heure, mais aussi surtout selon l'angle que font les rayons du soleil en arrivant au sol.

Le rayonnement solaire

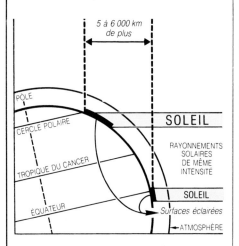

Plus la surface éclairée est petite, plus les apports en température sont forts. Ainsi s'explique la chaleur de la zone équatoriale et a contrario le froid des zones polaires.

Des déplacements verticaux et horizontaux

L'air chaud, plus léger, a tendance à s'élever. Il crée au niveau du sol un vide relatif, une zone de basse pression.

L'air froid, plus lourd, a tendance à descendre. Il se crée, au sol, une zone de haute pression.

Structure schématique des mouvements verticaux et horizontaux de l'atmosphère

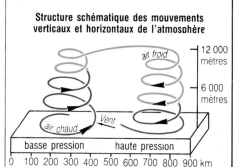

Le vent est un phénomène qui se déroule au sol. Les jours de vent, l'air s'écoule des zones de hautes pressions vers les zones de basses pressions.

Dans le ciel de France

La France, par sa superficie réduite, n'est pas une zone au-dessus de laquelle se forment des masses d'air à caractères stables et permanents. Son ciel est donc agité de mouvements qui dépendent de la circulation atmosphérique planétaire et résultent de l'affrontement entre les masses d'air froid des régions polaires et les masses d'air chaud des régions tropicales.

Le temps qu'il fait sur la France est le plus souvent déterminé par l'affrontement entre la zone de haute pression de l'anticyclone des Açores et la zone de basse pression de la dépression stationnée sur l'Islande.

CADRE NATUREL
POPULATION
ORGANISATION
VIE ÉCONOMIQUE
COMMUNICATION
FRANCE ET MONDE

Fronts et vents

Le ciel de France est un espace ouvert où d'importantes masses d'air s'opposent sur des fronts d'une grande mobilité, où de nombreux vents soufflent des quatre points cardinaux.
Les vents d'ouest sont cependant prédominants. Nés de courants aériens en provenance de l'Atlantique, ils sont tièdes l'hiver, frais l'été.
Ces vents, qui apportent la pluie attendue, dispersent les nuages ou attisent un incendie de forêt, les Français leur ont donné des noms locaux.

Les fronts

Un front est la zone de contact entre deux masses d'air qui se rencontrent alors qu'elles n'ont pas la même température, ni le même degré d'humidité.

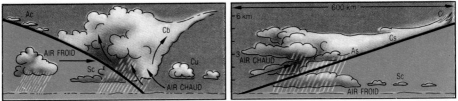

COUPE D'UN FRONT FROID
la masse d'air froid repousse la masse d'air chaud

COUPE D'UN FRONT CHAUD
la masse d'air chaud repousse la masse d'air froid

Ac-Altocumulus Cb-Cumulonimbus Sc-Statocumulus Cu-Cumulus Ns-Nimbostratus As-Altostratus Cs-Cirrostratus Ci-Cirrus

Trois fronts principaux dans le ciel de France

Le front polaire sépare l'air provenant du cercle polaire de l'air tropical.
Le front arctique sépare l'air stagnant d'habitude au-dessus du Pôle Nord de l'air voisin du cercle polaire. Ce front peut atteindre la Méditerranée. La France connaît alors de fortes gelées.
Le front méditerranéen est, en hiver, au contact de l'air polaire continental et de l'air méditerranéen tiède.

Le vent

Le vent est un déplacement d'air qui s'écoule des zones de haute pression (anticyclones) vers les zones de basse pression (dépressions).
À cause de la rotation de la Terre, les vents de l'hémisphère Nord tournent, autour d'un anticyclone, dans le sens des aiguilles d'une montre, autour d'une dépression, dans le sens contraire des aiguilles d'une montre.
La force du vent est exprimée en degrés Beaufort, du nom de son inventeur en 1906, l'amiral britannique sir Francis Beaufort.

L'échelle de Beaufort

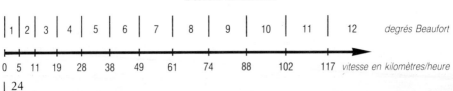

| 1 | 2 | 3 | 4 | 5 | 6 | 7 | 8 | 9 | 10 | 11 | 12 | *degrés Beaufort* |

0 5 11 19 28 38 49 61 74 88 102 117 *vitesse en kilomètres/heure*

JOURS DE GRAND VENT ET VENTS RÉGIONAUX

55 : nombre de jours avec rafales de vent dépassant 57 km/h (force 7)

TRAVERSE ⟹ : nom et direction d'un vent régional.

CADRE NATUREL
POPULATION
ORGANISATION
VIE ÉCONOMIQUE
COMMUNICATION
FRANCE ET MONDE

Les nuages

Les nuages sont des amas de gouttelettes d'eau. Ils n'ont pas de structure fixe et changent constamment de formes, de teintes, d'épaisseur. Ils couvrent en permanence les deux tiers de la surface terrestre.

Le ciel français est traversé par une dizaine de types de nuages qui accompagnent souvent le passage de perturbations atmosphériques et amènent alors des précipitations.

La naissance d'un nuage

Une masse d'air, quand elle est chaude, quand elle doit franchir un relief, s'élève. La vapeur d'eau en suspension dans l'air est d'abord entraînée par le mouvement ascendant. Mais en prenant de l'altitude, l'air se refroidit. La vapeur d'eau en suspension a alors tendance à se condenser sous forme de très fines gouttelettes, qui s'amassent. Leur nombre varie de 1 000 à 1 500 par cm³ ! Un nuage est né.

Les nuages du niveau supérieur

(6 000 à 12 000 m d'altitude)

Les nuages du niveau supérieur sont constitués de cristaux de glace. Très minces, ils ne parviennent pas à masquer l'éclat du soleil.

Les cirrus se présentent sous la forme d'étroits filaments blancs.

Les cirro-stratus et les cirro-cumulus couvrent le ciel d'un mince voile transparent et laiteux.

Les nuages du niveau moyen

(2 000 à 6 000 m d'altitude).

Les nuages du niveau moyen donnent des pluies continues et durables.

Les altocumulus se présentent sous la forme de nappes blanches ou grises dans lesquelles les nuages dessinent des galets, des rouleaux.

Les altostratus donnent au ciel une couleur grisâtre ou bleuâtre.

Les nuages du niveau inférieur

(moins de 2 000 m d'altitude)

Les nuages du niveau inférieur masquent le soleil et donnent des pluies occasionnelles (strato-cumulus) ou durables (nimbo-stratus).

Les stratus se présentent sous la forme d'une couche nuageuse uniforme et grise qui s'accompagne de brumes et de brouillards.

Les nimbo-stratus font un ciel sombre, gris et menaçant. Le soleil est totalement absent, la visibilité mauvaise, les horizons flous.

Les strato-cumulus se présentent sous la forme de gros rouleaux blanchâtres disposés régulièrement les uns à côté des autres.

Les nuages à développement vertical

(de 500 à 12 000 m d'altitude)

Les cumulus, gros paquets de coton isolés et oubliés dans le ciel, présentent le blanc éclatant de leurs parties éclairées qui contrastent avec leur base plus sombre. Ce sont les nuages du beau temps.

Les cumulo-nimbus ont la forme de tours. La partie la plus élevée, constituée de cristaux de glace, prend la forme d'une enclume. Ces nuages, nés de puissants mouvements verticaux de l'air, s'accompagnent d'orages, de violentes averses de pluie ou de grêle.

TYPES DE NUAGES ET PERTURBATIONS

Les types de nuages

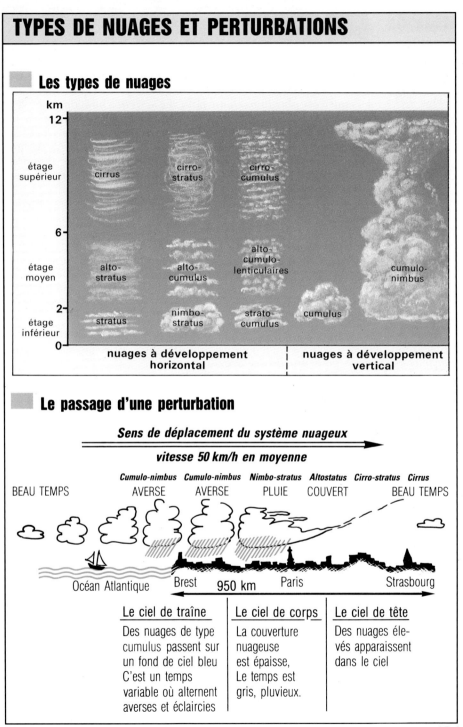

km
12

étage supérieur

cirrus cirro-stratus cirro-cumulus

6

étage moyen

alto-cumulo-lenticulaires

alto-stratus alto-cumulus cumulo-nimbus

2

étage inférieur

stratus nimbo-stratus strato-cumulus cumulus

0

nuages à développement horizontal **nuages à développement vertical**

Le passage d'une perturbation

Sens de déplacement du système nuageux

vitesse 50 km/h en moyenne

Cumulo-nimbus Cumulo-nimbus Nimbo-stratus Altostatus Cirro-stratus Cirrus

BEAU TEMPS AVERSE AVERSE PLUIE COUVERT BEAU TEMPS

Océan Atlantique Brest 950 km Paris Strasbourg

Le ciel de traîne	Le ciel de corps	Le ciel de tête
Des nuages de type cumulus passent sur un fond de ciel bleu C'est un temps variable où alternent averses et éclaircies	La couverture nuageuse est épaisse, Le temps est gris, pluvieux.	Des nuages élevés apparaissent dans le ciel

27

CADRE NATUREL
POPULATION
ORGANISATION
VIE ÉCONOMIQUE
COMMUNICATION
FRANCE ET MONDE

Les précipitations

Le territoire français reçoit en moyenne annuelle 450 milliards de m³ d'eau sous forme de pluies ou de neige. La répartition dans l'année est plus importante pour les activités humaines que les seuls volumes. Pour l'ensemble de l'Hexagone l'automne est la saison la plus arrosée, suivi de l'été et du printemps. Mais il existe de grandes disparités géographiques : il pleut 201 jours par an à Brest (Finistère), 67 à La Ciotat (Bouches-du-Rhône) ; il tombe 2 400 mm d'eau à Lepuix (Territoire de Belfort), 550 à Chartres (Eure-et-Loir).

Le déclenchement de la pluie

Tout nuage ne s'accompagne pas forcément de précipitations. Celles-ci ne se déclenchent que lorsque les gouttelettes, en train de s'amasser, atteignent un diamètre supérieur à 1 ou 2/10e de mm. Les gouttes amorcent alors une chute verticale, font d'innombrables rencontres avec des gouttelettes et grossissent au point d'atteindre au sol 0,5 mm de diamètre pour des pluies fines, 2 à 6 mm pour des averses violentes.

La vitesse de chute des gouttes d'eau varie selon leur diamètre. Elle peut se situer autour de 1 m/s, soit 3,6 km/h pour une pluie fine. Elle peut approcher 12 m/s soit plus de 43 km/h pour une grosse averse.

La neige et la grêle

Les précipitations tombent sous forme de neige quand les basses couches de l'atmosphère sont froides, sous forme de grêle (gouttes d'eau gelées) quand le mouvement vertical de l'air a été très rapide à l'intérieur d'un nuage.

L'orage

L'orage est une pluie violente accompagnée de décharges électriques. Il éclate l'été après la rencontre d'une masse d'air très chaude et d'une masse d'air bien plus froide. Cela provoque la formation d'un cumulo-nimbus, un nuage à grand développement vertical.

Les éclairs et le tonnerre ponctuent l'orage. Dans des nuages gorgés d'électricité statique, l'éclair est une étincelle de décharge électrique entre un nuage et le sol, entre deux ou plusieurs nuages. Le tonnerre, c'est le bruit de la dilatation de l'air porté à des dizaines de milliers de degrés le long de la décharge. La perception de l'éclair est instantanée alors que l'on entend le tonnerre avec un léger retard : le son se propage dans l'air à 300 m/s alors que la lumière se déplace un million de fois plus rapidement.

L'arc-en-ciel

L'arc-en-ciel est visible lorsque le soleil, assez bas sur l'horizon, éclaire à son opposé un écran de pluie. Le rayonnement solaire frappe les gouttelettes d'eau qui le réfléchissent. La lumière blanche renvoyée est alors décomposée dans les sept couleurs de l'arc-en-ciel.

LA RÉPARTITION DES PRÉCIPITATIONS

Précipitations annuelles

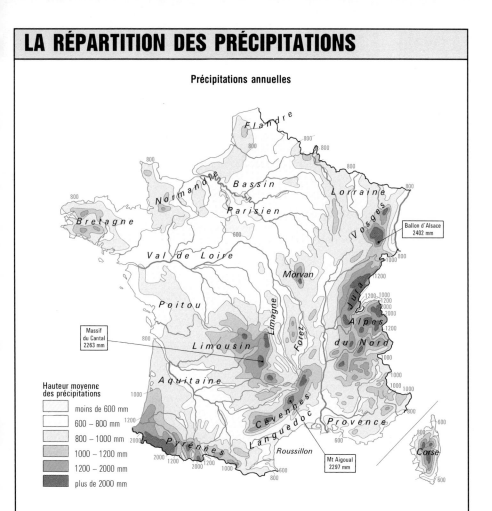

La répartition territoriale

La répartition territoriale des précipitations est très inégale. En fait, elle reproduit, avec netteté, la carte du relief.

Les pluies sont essentiellement amenées par des vents d'ouest. Les hauteurs littorales et les montagnes, qui contraignent les masses d'air à s'élever, provoquent des précipitations. Elles reçoivent plus d'un mètre d'eau. Les sommets des montagnes plus de deux mètres.

Les principaux reliefs, orientés nord-sud, bloquent les pluies sur leurs versants exposés à l'ouest et font ainsi écran pour les zones plus basses situées à l'est. Ces zones reçoivent moins de 600 mm d'eau. C'est le cas de la plaine d'Alsace, de la Limagne, de l'ouest du Bassin Parisien, des côtes languedocienne et provençale.

CADRE NATUREL

POPULATION

ORGANISATION

VIE ÉCONOMIQUE

COMMUNICATION

FRANCE ET MONDE

Les températures

Les températures sont, dans leur ensemble, modérées. Les moyennes annuelles ne sont inférieures à 10° qu'au nord du pays et ne dépassent 15° qu'en bordure de la mer Méditerranée. Cette modération n'empêche ni la présence d'importants contrastes régionaux, ni l'existence de températures extrêmes : on a relevé jusqu'à − 30° en Alsace, jusqu'à + 43° à Toulouse.

Température et latitude

Située entre 42° et 51° de latitude nord, à mi-chemin entre l'Équateur et le Pôle Nord, la France bénéficie de températures modérées qui vont en augmentant du nord vers le sud.

Lille (50,38° de latitude N) connaît des températures moyennes de 2°9 en janvier et de 17°3 en juillet. A Nice (43,42° de latitude N) elles sont de 8°3 en janvier et de 22°6 en juillet.

Températures et influences océaniques

Située à l'ouest de l'Europe, la France est soumise à l'influence océanique. L'océan en se réchauffant et en se refroidissant plus lentement que les terres, modère et régule les températures.

En hiver, les eaux de l'Atlantique, attiédies par le courant chaud de la dérive nord-atlantique modèrent les effets de la latitude et l'ensemble des côtes, du Cotentin au Pays Basque, connaissent des températures variant de 6 à 8°. Cette influence adoucissante s'atténue au fur et à mesure que l'on va vers l'est. A une latitude voisine de 48° N, les moyennes de janvier sont de 7°4 à Brest (4,29° longitude ouest), de 3° à Paris (2,20° de longitude est) et de 0,9° à Strasbourg (7,45° de longitude est).

En été, l'influence modératrice de l'océan Atlantique produit des effets inverses et les températures croissent d'ouest en est. La moyenne de juillet est de 16°8 à Brest, 17°9 à Paris et de 19°2 à Strasbourg.

L'amplitude thermique annuelle (écart janvier/juillet) met bien en évidence l'influence océanique sur les variations de températures. Entre Brest et Strasbourg l'amplitude thermique varie de 10° à 20°, du simple au double.

Température et altitude

La disposition du relief transparaît sur une carte des températures moyennes enregistrées en France : malgré les fortes influences de la latitude et de l'océan, l'altitude provoque un abaissement progressif des températures. Seules les régions montagneuses connaissent des températures inférieures à 0° en janvier et à 16° en juillet.

Les records de température

Température la plus élevée	Température la plus basse
44° Toulouse, Haute-Garonne, 8.8.1923	− 36°7 Mouthe, Doubs, 13.1.1968
42°8 Montpellier, Hérault, 19.7.1904	− 33° Langres, Hte-Marne, 9.12.1879
42° Bergerac, Dordogne, 12.7.1949	− 31° Granges-Ste-Marie 2.1.1971
pour Paris 40°4 le 28.7.1947	pour Paris − 23°9 le 10.12.1879

LE GEL ET LE SOLEIL

nombre de jours sans dégel
nombre de jours de gel
moyennes de janvier

nombre de jours sans rayon de soleil
nombre d'heures de soleil dans l'année
moyennes de juillet

	moyennes de janvier	nombre de jours de gel	nombre de jours sans dégel	nombre de jours sans rayon de soleil	nombre d'heures de soleil dans l'année	moyennes de juillet
AJACCIO	8°4	12	0	23	2 811	23°5
AMIENS	3°5	50	8	70	1 648	16°5
BESANÇON	1°5	71	13	66	1 897	18°5
BORDEAUX	5°9	41	2	39	2 076	21°2
BREST	7°4	17	0	58	1 757	16°8
CAEN	4°5	41	4	51	1 777	16°5
CHÂLONS/MARNE	2°5	64	12	70	1 657	17°5
CLERMONT-FERRAND	3°	72	9	47	1 899	19°
DIJON	1°	66	12	60	1 934	19°5
LILLE	2°9	58	9	74	1 641	17°3
LIMOGES	3°5	74	6	58	1 853	18°
LYON	2°4	59	10	59	2 036	20°7
MARSEILLE	6°	29	1	21	2 866	23°1
METZ	1°5	75	13	70	1 613	18°5
MONTPELLIER	6°5	35	1	31	2 709	22°5
NANTES	5°4	39	2	48	1 901	19°
ORLÉANS	3°	63	8	56	1 799	18°
PARIS	3°	32	6	66	1 814	17°9
POITIERS	4°	54	5	47	2 024	19°
ROUEN	3°5	55	6	73	1 694	18°
STRASBOURG	0°9	79	18	81	1 696	19°2
TOULOUSE	5°1	42	3	42	2 081	21°4

un an = 8 760 h

CADRE NATUREL

POPULATION

ORGANISATION

VIE ÉCONOMIQUE

COMMUNICATION

FRANCE ET MONDE

Lire une carte météo

La prévision météorologique revêt aujourd'hui une grande importance. Les 230 répondeurs automatiques de la Météorologie nationale reçoivent chaque année 30 millions d'appels. La presse écrite quotidienne a sa rubrique météo, et les présentateurs des bulletins météo de la radio et de la TV sont des vedettes dont on guette les moindres erreurs de prévision. En fait, le moyen le plus sûr d'avoir une bonne idée sur l'évolution de la situation météorologique est de savoir lire une carte du temps.

L'établissement de la carte du temps

L'établissement de la carte du temps commence vers 2 heures du matin. Les informations du satellite européen Météosat, en orbite géostationnaire à 36 000 km de la Terre, et les relevés des 3 000 postes climatologiques au sol sont regroupés, dans un ordinateur, à Paris. Ce super ordinateur, le Cray-2, est capable de traiter un milliard d'opérations à la seconde. Vers 6 heures du matin, les calculs effectués sortent sous forme de cartes de pression atmosphérique, de température... Ces cartes sont interprétées par un météorologiste pour l'ensemble de la France.

Des informations aux prévisions météorologiques

Les informations contenues dans une carte météorologique		Les prévisions que l'on peut établir à partir des informations relevées
A 1030	**Les anticyclones :** les points où l'on relève une forte pression atmosphérique.	Les anticyclones correspondent à des zones de temps calme, mais pas obligatoirement ensoleillé.
D 995	**Les dépressions :** les points où l'on constate une pression atmosphérique inférieure à 1 015 mb ou hPa (unité de mesure : le millibar ou l'hecto Pascal).	Les dépressions correspondent généralement à des zones de temps perturbé, souvent nuageux et pluvieux.
▲▲▲ FRONT FROID ●●● FRONT CHAUD	**Les fronts :** zones de contact entre masses d'air.	Les fronts chauds ou froids correspondent à de grandes zones nuageuses ou pluvieuses. Les pluies se produisent sur une bonne centaine de kilomètres de part et d'autre de la ligne frontale.
1015 1020 1025	**Les lignes isobares**, c'est-à-dire les lignes où la pression atmosphérique est la même.	Les lignes isobares donnent la direction et la force du vent. La direction du vent est parallèle aux isobares. Sa force est d'autant plus grande que les isobares sont rapprochées.

OBSERVATION ET PRÉVISION

Des informations relevées...

SITUATION LE 5 MAI 1987 A 0 HEURE TU

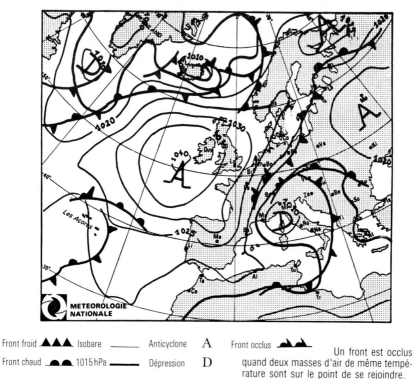

Front froid ▲▲▲ Isobare ———— Anticyclone A Front occlus ▲●▲

Front chaud ●●● 1015 hPa ——— Dépression D

Un front est occlus quand deux masses d'air de même température sont sur le point de se rejoindre.

... aux prévisions établies

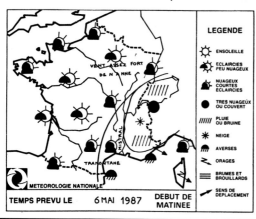

LEGENDE

☼ ENSOLEILLE
☀ ECLAIRCIES PEU NUAGEUX
⛅ NUAGEUX COURTES ECLAIRCIES
● TRES NUAGEUX OU COUVERT
///// PLUIE OU BRUINE
✳ NEIGE
⚞ AVERSES
⚡ ORAGES
≡ BRUMES ET BROUILLARDS
➜ SENS DE DEPLACEMENT

TEMPS PREVU LE 6 MAI 1987 **DEBUT DE MATINEE**

Evolution probable du temps en France

Mercredi : la situation s'améliorera nettement sur une grande partie de la France.

Sur les régions de la moitié ouest, nuages et éclaircies se partageront le ciel. Toutefois, on ne verra guère le soleil en matinée près de la Manche et sur les Pyrénées, où les nuages resteront accrochés.

De l'Alsace et de la Lorraine au Massif Central, aux Alpes et au Jura, il pleuvra encore le matin, la limite pluie-neige se situant entre 1 000 et 1 500 mètres d'altitude. Des éclaircies commenceront à se développer dans l'après-midi, excepté sur le massif alpin où des chutes de pluie ou de neige intermittentes se produiront encore.

Sur le Languedoc-Roussillon, la Provence-Côte d'Azur et la Corse, le temps restera nuageux et instable, avec des averses près du golfe du Lion, des orages de la Côte d'Azur à la Corse.

Mistral et tramontane souffleront toujours fort, tandis qu'un vent de nord assez soutenu persistera sur le reste du pays.

CADRE NATUREL
POPULATION
ORGANISATION
VIE ÉCONOMIQUE
COMMUNICATION
FRANCE ET MONDE

Les climats français

La France bénéficie d'un climat tempéré en raison de sa position en latitude, à mi-chemin entre l'Équateur et le Pôle Nord, et de sa situation à l'ouest du continent européen. Trois types de climats tempérés se partagent inégalement le territoire : le climat océanique, le climat semi-continental, le climat méditerranéen, auxquels il faut ajouter, relief oblige, le climat de montagne.

Le climat océanique pur : le type breton

Le climat océanique couvre près des 2/3 du territoire, tout l'ouest français. Douceur et humidité sont ses caractéristiques principales.

Les températures sont douces l'hiver, fraîches l'été. Le nombre d'heures de soleil est plus important à proximité des côtes.

Le total des précipitations n'est pas très élevé (autour de 800 mm), mais les vents d'ouest dominants apportent une pluie fine et persistante, « le crachin », qui tombe de 150 à 200 jours par an.

Les nuances du climat océanique

Le climat océanique se nuance en fonction de la latitude et de l'éloignement à l'intérieur des terres. Trois variantes se dégagent :

Le type flamand, au nord, avec des hivers plus froids et des été pluvieux.

Le type aquitain, dans le Sud-Ouest, avec des étés plus chauds et plus secs, des automnes lumineux et des printemps souvent pluvieux.

Le type parisien avec des étés plus chauds, des hivers plus froids.

Les écarts de température juillet-janvier augmentent en allant vers l'Est. Les précipitations sont moins importantes.

Le climat à tendance semi-continentale

Le climat à tendance semi-continentale est établi dans l'Est et dans les vallées à l'abri des vents d'ouest. Il se caractérise par des étés chauds et orageux, des hivers froids et souvent enneigés. Les écarts de température juillet-janvier dépassent 18°. Les précipitations tombent en été.

Le climat méditerranéen

Le climat méditerranéen domine les zones bordières de la Mer Méditerranée, protégées des influences océaniques par les montagnes. Il se caractérise par un intense rayonnement solaire (2 600 à 2 800 heures), par une sécheresse estivale (parfois 3 mois sans pluie), et par des hivers très doux. Les précipitations se répartissent en moins de 100 jours et tombent sous forme de violentes averses en automne et au printemps.

Le climat de montagne

Le climat de montagne s'étend sur les régions élevées des massifs français. Il se caractérise par le froid et la longueur de l'hiver, qui s'accentuent avec l'altitude, par des précipitations abondantes (plus de 2 000 mm), par un important enneigement hivernal qui diminue des Vosges à la Corse.

LES RÉGIONS CLIMATIQUES

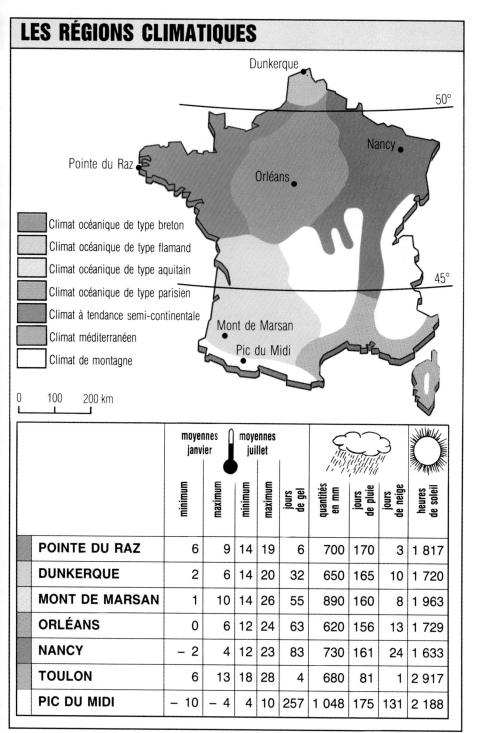

Dunkerque

50°

Nancy

Pointe du Raz

Orléans

45°

- Climat océanique de type breton
- Climat océanique de type flamand
- Climat océanique de type aquitain
- Climat océanique de type parisien
- Climat à tendance semi-continentale
- Climat méditerranéen
- Climat de montagne

Mont de Marsan

Pic du Midi

0   100   200 km

	moyennes janvier		moyennes juillet						
	minimum	maximum	minimum	maximum	jours de gel	quantités en mm	jours de pluie	jours de neige	heures de soleil
POINTE DU RAZ	6	9	14	19	6	700	170	3	1 817
DUNKERQUE	2	6	14	20	32	650	165	10	1 720
MONT DE MARSAN	1	10	14	26	55	890	160	8	1 963
ORLÉANS	0	6	12	24	63	620	156	13	1 729
NANCY	− 2	4	12	23	83	730	161	24	1 633
TOULON	6	13	18	28	4	680	81	1	2 917
PIC DU MIDI	− 10	− 4	4	10	257	1 048	175	131	2 188

CADRE NATUREL

POPULATION

ORGANISATION

VIE ÉCONOMIQUE

COMMUNICATION

FRANCE ET MONDE

Les saisons

Quatre saisons de trois mois se succèdent dans l'année : le printemps, l'été, l'automne et l'hiver. Cette distinction se fonde sur la position de la Terre par rapport au Soleil. Elle a valeur universelle.

A chaque saison, le Français associe un certain type de temps, à tel point qu'il peut affirmer que l'on a bien... ou que l'on n'a vraiment pas un temps de saison. Les passages d'une saison à l'autre se font de manière progressive. Mais, à la même date du calendrier, selon qu'il réside en métropole, en Guadeloupe, à la Réunion ou à Tahiti, le Français est en été ou en hiver.

Le mécanisme des saisons

1. Soleil à la verticale de l'Équateur à midi

2. Soleil à la verticale du tropique Sud à midi

3. Soleil à la verticale du tropique Nord à midi

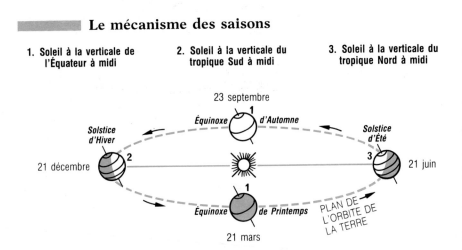

Il y a des saisons parce que l'axe de rotation de la Terre n'est pas perpendiculaire au plan de son orbite. Dans sa révolution autour du Soleil, la Terre ne se présente pas de la même façon au rayonnement solaire. La durée des jours et des nuits varie. L'intensité de l'ensoleillement aussi. (voir page 23).

Deux fois par an, le 21 mars et le 23 septembre, les rayons du Soleil frappent perpendiculairement la Terre au niveau de l'Équateur. La durée du jour est égale à celle de la nuit pour l'ensemble de la Terre. C'est **l'équinoxe** de printemps ou d'automne.

Le 21 juin, les rayons du soleil sont à la verticale du Tropique Nord. C'est, dans l'hémisphère Nord, le jour le plus long de l'année : c'est **le solstice** d'été : 17 h 07 de jour à Paris.

Le 21 décembre, les rayons du soleil sont à la verticale du Tropique Sud. C'est, dans l'hémisphère Nord, le jour le plus court de l'année : c'est le solstice d'hiver : 8 h 12 de jour à Paris.

Dans l'hémisphère Sud, la situation est inversée pour les solstices.

PETIT GUIDE DES SAISONS FRANÇAISES

■ Les quatre saisons métropolitaines

L'hiver, les nuits sont longues, le temps est froid mais sans excès. Il se produit de fréquentes petites pluies et parfois des chutes de neige.

Le printemps, les jours s'allongent. Les températures deviennent plus douces. C'est la saison des giboulées, brutales averses mêlées de grêle.

L'été, le temps est souvent beau. C'est une saison chaude parfois sèche. Des orages éclatent après de lourdes journées moites.

L'automne, la durée de l'ensoleillement diminue, provoquant le retour de la fraîcheur. Un temps fréquemment pluvieux domine la majeure partie du territoire.

■ Les carêmes et les hivernages antillais

Températures et précipitations moyennes mensuelles à Pointe-à-Pitre (Guadeloupe)

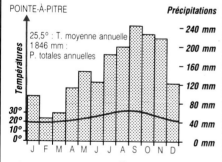

POINTE-À-PITRE — Précipitations
25,5° : T. moyenne annuelle
1 846 mm : P. totales annuelles

Le **« carême »** antillais est la saison sèche.

L'hivernage est la saison humide qui, malgré son nom, correspond aux mois d'été. Les vents alizés s'humidifient alors sur un Atlantique très chaud et déversent de fortes précipitations.

Des ouragans ou cyclones peuvent balayer les îles en fin d'hivernage.

Des vents de 150 à 250 km/h, des vagues de 15 à 30 mètres, des pluies torrentielles causent des dégâts considérables. On a dénombré 782 morts dans Pointe-à-Pitre en septembre 1928.

■ Les saisons « inversées » de la Réunion

Températures et précipitations moyennes mensuelles à Saint-Denis de la Réunion

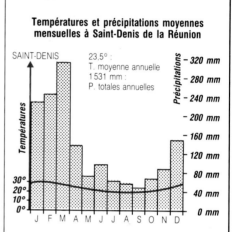

SAINT-DENIS — 23,5° : T. moyenne annuelle
1 531 mm : P. totales annuelles

C'est l'hémisphère Sud !

L'été austral dure de novembre à avril. C'est une saison chaude et pluvieuse marquée, de janvier à mars, par le passage de cyclones.

L'hiver austral, de mai à octobre, est une saison sèche, relativement plus fraîche.

■ L'hiver polynésien

C'est l'hémisphère Sud !

L'été austral dure de novembre à février. C'est la saison des pluies. Elles se produisent sous forme d'averses brèves et violentes. Les cyclones sont exceptionnels.

L'hiver austral est la saison fraîche. La moyenne des mois les plus froids, juillet-août, est de 25°. La moyenne des plus basses températures enregistrées est de 15° !

CADRE NATUREL

POPULATION

ORGANISATION

VIE ÉCONOMIQUE

COMMUNICATION

FRANCE ET MONDE

La végétation

La France compte 4 200 espèces végétales qui poussent sous des climats, favorables dans leur ensemble, au développement d'une végétation. Une température, moyenne mensuelle, de 10° permet une période végétative qui dure de 6 à 10 mois, selon le lieu considéré.

Trois grands types de paysages végétaux se partagent inégalement la France : le domaine atlantique, le domaine méditerranéen et le domaine montagnard. Aucun de ces paysages ne peut être qualifié de naturel : l'homme par ses activités a profondément modifié la couverture végétale d'origine.

La marque de l'homme sur la végétation

L'homme a défriché l'immense forêt, qui couvrait la presque totalité du territoire, pour pratiquer l'agriculture, pour se procurer du bois d'œuvre (chênes et hêtres pour la marine, pins pour les mines), du bois de chauffage (charme, orme, chêne), de la pâte à papier (peuplier et conifères). Il a propagé des espèces : le châtaignier qui fournissait les échalas pour les vignobles. Il a aussi reboisé : la forêt des Landes et les pinèdes champenoises ont été plantées par l'homme au XIXᵉ siècle.

Le domaine atlantique

C'est le domaine de la forêt tempérée essentiellement constituée d'arbres à feuilles caduques. Le chêne y est dominant. Il est associé au hêtre. Ce dernier exige plus d'humidité et supporte mieux le froid, ce qui explique sa localisation au nord-est de la France, dans l'est du Bassin Parisien, et jusqu'à 1 500 m d'altitude. Ces deux essences sont aussi associées au bouleau et aux résineux, dans la moitié nord du pays, au châtaignier et au pin maritime, dans le secteur aquitain.

La forêt, quand elle se dégrade fait place à la lande océanique parsemée d'ajoncs, de bruyères et de genêts qui acidifient le sol et rendent difficile la réinstallation des arbres.

Le domaine méditerranéen

C'est le domaine d'une forêt adaptée à une sècheresse estivale et où dominent les arbres à feuilles persistantes : le chêne vert, le chêne-liège, le pin parasol parfois associés à l'olivier. Un point d'eau permanent permet la présence de peupliers, de saules, d'aulnes et d'érables.

Cette forêt, détruite par les incendies et l'occupation humaine, n'existe plus qu'à l'état de lambeaux. Elle a fait place aux garrigues, avec le thym, la lavande et le chêne kermès rabougri, aux maquis impénétrables de buissons touffus et épineux.

Le domaine montagnard (au dessus de 1 000 m)

C'est le domaine d'une forêt et d'une végétation étagées en fonction de l'altitude et des variations de température (voir ci-contre).

La limite supérieure des espèces végétales varie beaucoup selon l'exposition des versants. Elle est plus basse sur l'ubac, frais et humide, plus élevée sur l'adret ensoleillé.

ZONATION DES PAYSAGES VÉGÉTAUX

Les domaines végétaux

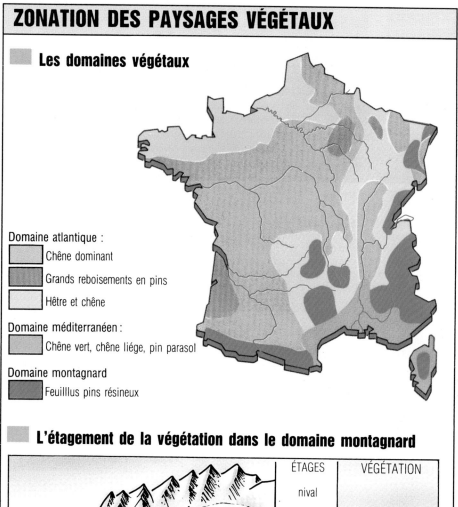

Domaine atlantique :

Chêne dominant

Grands reboisements en pins

Hêtre et chêne

Domaine méditerranéen :

Chêne vert, chêne liége, pin parasol

Domaine montagnard

Feuilllus pins résineux

L'étagement de la végétation dans le domaine montagnard

éboulis   glacier

ÉTAGES	VÉGÉTATION
nival	
3 000 m alpin	Prairie, alpages
2 000 m subalpin	Forêts de résineux, pins à crochet, mélèses, épiceas
montagnard 1 000 m	Forêt de feuillus, hêtres auxquels se mêlent quelques résineux
collinéen	Zones cultivées

CADRE NATUREL
POPULATION
ORGANISATION
VIE ÉCONOMIQUE
COMMUNICATION
FRANCE ET MONDE

Les risques naturels

Une ou plusieurs calamités naturelles menacent directement 10 200 communes, soit près d'une sur trois. 7 500 le sont par des inondations, 30 000 par des glissements de terrain, 1 400 par des séismes et 400 par des avalanches. Les catastrophes naturelles, sur les quatre dernières années, ont coûté plus de 5 milliards de francs aux pouvoirs publics et aux assurances.
615 communes ont été déclarées prioritaires pour la mise en place d'un plan de prévention.

Les « plans d'exposition aux risques »

Ce plan vise à déterminer, pour une ville ou un village donné, la nature du ou des risques encourus, le périmètre exposé, les protections mises en place par la municipalité. Après étude, trois zones sont délimitées : une zone blanche où le danger est inexistant, une zone bleue où les habitants doivent, à leurs frais, effectuer des travaux de protection des bâtiments, une zone rouge où toute nouvelle construction est impossible. Fin 1987, seules 13 des 615 communes prioritaires avaient fait l'objet d'aménagements.

Les inondations

Les inondations sont prévisibles : elles menacent toujours les mêmes lieux. Ainsi la zone du camping du Grand Bornand engloutie en 30 minutes en juillet 1987 (50 morts) avait déjà été dévastée en 1936. Les crues des cours d'eaux s'expliquent par des averses exceptionnelles, une fonte des neiges brutale, par la coïncidence d'un de ces phénomènes avec la période des hautes eaux. La rapidité de la montée des eaux varie selon le profil du cours d'eau : quelques heures pour un torrent des Cévennes, 20 à 30 heures pour la Garonne à Toulouse, 8 à 9 jours pour la Seine à Paris.

Les séismes et les glissements de terrain

Les risques sismiques les plus importants se situent dans les Hautes-Pyrénées, dans la montagne alpine, notamment la Provence et l'arrière-pays niçois. La France enregistre en moyenne 300 secousses par an. Moins du tiers ont une intensité égale à 3 : vibrations comparables à celles provoquées par un petit camion, léger balancement des objets suspendus.

Les risques de glissement de terrain concernent surtout le nord, la côte normande et l'ouest de la région parisienne.

Les avalanches

Les couloirs d'avalanches sont répertoriés sur une étendue de plus de 550 000 hectares. La prévention consiste à déclencher artificiellement de mini-avalanches, à construire des obstacles pare-avalanches. Mais cela coûte cher. En cas d'accident, une centaine de chiens sont dressés au repérage d'éventuels ensevelis dont les chances de survie, importantes dans la première demi-heure, ne sont plus que de 40 % après une heure, de 20 % après deux.

LES COMMUNES LES PLUS MENACÉES

Les communes ayant fait l'objet d'un plan d'exposition aux risques et les principales catastrophes naturelles des cent dernières années

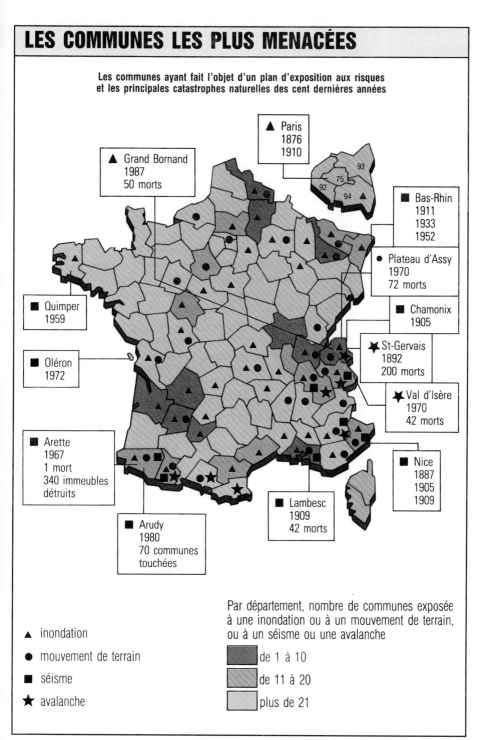

▲ Paris
1876
1910

▲ Grand Bornand
1987
50 morts

■ Bas-Rhin
1911
1933
1952

● Plateau d'Assy
1970
72 morts

■ Quimper
1959

■ Chamonix
1905

★ St-Gervais
1892
200 morts

■ Oléron
1972

✦ Val d'Isère
1970
42 morts

■ Arette
1967
1 mort
340 immeubles
détruits

■ Nice
1887
1905
1909

■ Arudy
1980
70 communes
touchées

■ Lambesc
1909
42 morts

▲ inondation

● mouvement de terrain

■ séisme

★ avalanche

Par département, nombre de communes exposée à une inondation ou à un mouvement de terrain, ou à un séisme ou une avalanche

▓ de 1 à 10

▒ de 11 à 20

☐ plus de 21

41

CADRE NATUREL
POPULATION
ORGANISATION
VIE ÉCONOMIQUE
COMMUNICATION
FRANCE ET MONDE

L'origine des Français

Qu'est-ce qui fait que quelqu'un est Français ? Vaste question quand on sait que la France, carrefour d'invasions et d'immigrations, a vu se succéder, se combattre et s'établir sur son sol une cinquantaine de peuples. Deux millénaires durant, avant l'an mille, des hordes d'envahisseurs ont périodiquement déferlé sur le territoire de l'actuelle France. Deux siècles durant, du XIXe à nos jours, des vagues d'immigrants ont répondu aux besoins de main-d'œuvre exprimés par la France.
18 millions de Français (1/3 de la population) ont aujourd'hui pour père, pour grand-père ou arrière-grand-père un étranger.

Des Celtes... aux Vikings

A l'origine, quelques tribus préhistoriques peu nombreuses.

Des Celtes (IXe s. avant J.-C.) venus de l'est, repoussent dans les montagnes les populations plus anciennes.

Des Grecs (VIIe s. avant J.-C.) se fixent sur la côte méditerranéenne.

Des Romains (Ier s. avant J.-C.), venus d'Italie, établissent peu à peu leur domination sur une mosaïque de 80 tribus celtes qu'ils appellent Galli ou Gaulois.

Des Barbares (Ve s.), venus de l'est et eux-mêmes poussés par les Huns, envahissent la Gaule romaine. Ainsi s'installent, parmi peut-être 10 millions de Gallo-Romains, des Alamans, des Francs, des Wisigoths, des Burgondes, des Vandales. Chacun de ces peuples ne devait pas dépasser 100 000 personnes, à l'exception des Francs qui, vers 500, dominent toute la Gaule.

Des Arabes (VIIIe s.), venus d'Espagne dominent l'Aquitaine et le Languedoc.

Des Vikings (Xe s.), venus de Scandinavie, s'installent en Normandie.

Des Belges... aux Maghrébins

Belges et Italiens (1850-1914) regroupent les effectifs les plus nombreux dans une population immigrée estimée à 1 160 000 personnes (39 196 000 français).

Espagnols et Polonais (1818-1939) constituent des groupes importants, 13 % et 19 %, à côté d'une immigration italienne toujours forte, 29 %. On compte alors 2 715 000 étrangers pour 41 228 000 français.

Portugais et Maghrébins (1945-1974) prennent le pas sur les autres nationalités. Ils représentent respectivement 22 % et 34 % des 3 442 000 étrangers comptabilisés en 1975 pour 52 599 000 français.

Les facteurs d'unification d'une France plurielle

Le Français est le résultat d'une complexe fusion de peuples aux cultures diverses. Les volontés centralisatrices de la monarchie, de la Révolution et de la république ont contribué à forger une unité française. Mais les vrais ciments de cette unité semblent avoir été, au XIXe siècle, le développement des chemins de fer, le service militaire généralisé et l'enseignement primaire obligatoire mis en place par la IIIe République.

LE FRANÇAIS-TYPE
ou les comportements majoritaires des Français

Logement

55 % des ménages vivent en maison individuelle.
51 % des ménages sont propriétaires de leur résidence principale. (75 % pour les ménages vivant en maisons individuelles).

Voiture

75 % des ménages possèdent une voiture particulière.
53 % n'en ont qu'une, 22 % plusieurs.
Cela représente quelques 20,7 millions d'automobiles.

Animaux domestiques

52 % des ménages se partagent 30 millions d'animaux domestiques, dont 9,75 millions de chiens (dans un foyer sur 5) et 7,25 millions de chats (dans un foyer sur 10).

Budget

Repas

Les repas pris à domicile représentent 81 % des repas hebdomadaires (74 % en région parisienne).
Les repas pris à l'extérieur sont payants à 58 % ; 38 % sont des invitations dans un autre foyer ; 4 % sont préparés à domicile et consommés à l'extérieur.

Alimentation

Le Français consomme en moyenne, par personne et par an : 67 kg de pain, 64 kg de pommes de terre, 70 kg de légumes, 60 kg de fruits, 35 kg de viande, 18 kg de volailles, 10 kg de poisson, 20 kg de fromage, 100 l de lait frais, 74 l de vin, 40 l de bière, et 55 l d'eau minérale.

Taille-Poids

L'homme mesure 1,71 m et pèse 72 kg. La femme mesure 1,60 m et pèse 59 kg.

Espérance de vie

Elle est de 71,5 ans pour les hommes, de 79,6 ans pour les femmes.

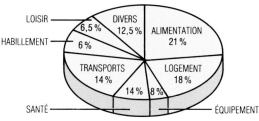

1917-1988

Au français moyen

LOISIR — DIVERS 12,5 %
6,5 %
HABILLEMENT — 6 %
ALIMENTATION 21 %
TRANSPORTS 14 %
LOGEMENT 18 %
14 % 8 %
SANTÉ —
ÉQUIPEMENT

Nota : par « ménage » il faut comprendre les occupants d'un logement ; une personne seule constitue un ménage.

CADRE NATUREL
POPULATION
ORGANISATION
VIE ÉCONOMIQUE
COMMUNICATION
FRANCE ET MONDE

La population française

Avec 55 506 000 habitants, la France se situe au 15ᵉ rang mondial et au 4ᵉ rang européen. Sa densité moyenne de 100 h/km² la place au 41ᵉ rang mondial, au 15ᵉ rang européen.
Les femmes sont majoritaires dans la population avec plus de 51 % des effectifs, alors qu'il naît 105 garçons pour 100 filles. Les moins de 20 ans représentent 28,5 % de la population (34,1 % en 1967). Les plus de 65 ans 13,3 % (12,4 % en 1967). Le lent vieillissement de la population française posera de graves problèmes vers l'an 2007 quand arriveront à l'âge de la retraite les nombreuses générations nées dans les années 1946-1973.

Structure de la population française (au 1.1.1987)

Année de naissance		Âge		Année de naissance
	SEXE MASCULIN		SEXE FEMININ	

Effectifs des classes d'âge (en milliers)

1. **au-dessus de 74 ans** (naissances avant 1914) : un fort déséquilibre hommes/femmes. La surmortalité masculine s'explique par les décès lors de la guerre de 1914-1918 (a) ; par les accidents de la route et du travail, la consommation d'alcool et de tabac (b).

2. **de 69 à 73 ans** (naissances entre 1914 et 1918) : les classes creuses. La séparation des couples a provoqué un déficit des naissances estimé à − 1 200 000 naissances.

3. **de 42 à 68 ans** (naissances entre 1919 et 1945) : au fléchissement provoqué par l'arrivée à l'âge de la procréation des classes creuses de 1914-1918 vient s'ajouter un nouveau déficit estimé à − 500 000 naissances causé par la séparation des couples 1939-1945. Il y a 1 500 000 français prisonniers en Allemagne.

4. **de 14 à 41 ans** (naissances entre 1946 et 1973 : le baby boom. Un optimisme collectif, des mesures en faveur des familles, la croissance économique et le plein emploi favorisent la venue de générations nombreuses.

5. **en-dessous de 14 ans** (naissances depuis 1974) : la chute des naissances. La contraception, l'essor du travail féminin, la crise économique expliquent en partie cette baisse de la natalité. Le remplacement des générations n'est plus assuré, c'est-à-dire que le nombre de naissances annuelles est inférieur à l'effectif d'une génération en âge de procréer.

LA RÉPARTITION DE LA POPULATION

La densité de la population par département 1.1.1986

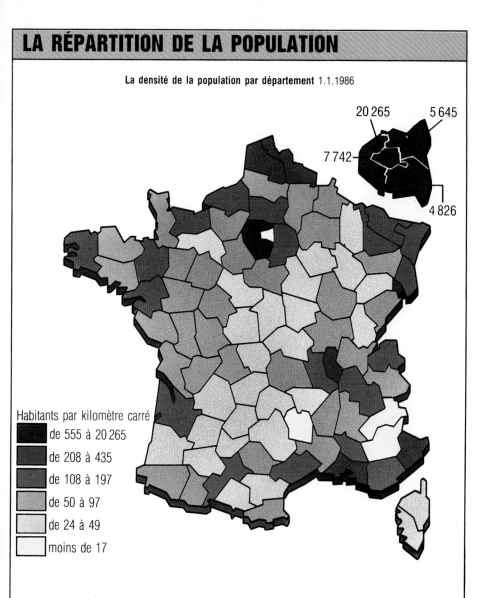

Habitants par kilomètre carré

- de 555 à 20 265
- de 208 à 435
- de 108 à 197
- de 50 à 97
- de 24 à 49
- moins de 17

La population française est très inégalement répartie : 2 sur 3 des départements français n'atteignent pas la densité moyenne de 100 h/km² et les contrastes sont forts : Paris 20 265 h/km², Lozère 14 h/km² ; région Ile-de-France 853 h/km², Corse 28 h/km²... En fait, les régions Ile-de-France, Rhônes-Alpes, Provence-Alpes-Côte d'Azur et Nord-Pas-de-Calais abritent 42 % de la population alors qu'elles représentent 18 % du territoire.

Les régions les plus peuplées (densité supérieure à la moyenne) se situent principalement sur la périphérie française.

CADRE NATUREL
POPULATION
ORGANISATION
VIE ÉCONOMIQUE
COMMUNICATION
FRANCE ET MONDE

Natalité - Mortalité

Avec 778 000 naissances en 1986 et un taux de natalité de 14 ‰, la France se situe en tête des pays de la Communauté Économique Européenne. Elle n'est devancée que par l'Irlande.
Avec 550 000 décès en 1986 et un taux de mortalité de 10 ‰, la France se situe dans la moyenne européenne.

Une fécondité en déclin

Le taux de fécondité (rapport entre le nombre de naissances en un an et le nombre de femmes de 15 à 49 ans en âge de procréer) est en baisse constante depuis 1964. Il est en 1986 de 1,8 enfant par femme. Le renouvellement des générations n'est plus assuré : en l'état actuel de la mortalité, il faudrait 2,1 enfants par femme. La baisse du taux de fécondité coïncide avec la diffusion rapide de la contraception moderne et résulte d'une moins forte envie d'avoir des enfants. Le nouveau modèle familial privilégie le couple avec un ou deux enfants au plus.

Des naissances moins nombreuses

Depuis 1974 le nombre des naissances n'a jamais dépassé la barre des 800 000 sauf en 1981. Malgré une augmentation continue en 1984, 1985 et 1986, le taux de natalité (nombre de naissances pour 1 000 habitants) reste stable, autour de 14 ‰.
La proportion des familles nombreuses a baissé : ainsi la venue d'un quatrième enfant dans une famille représentait 16,6 % des naissances en 1969 et 8 % des naissances en 1985.

Une mortalité en baisse

La baisse du taux de mortalité (nombre de morts pour 1 000 habitants) de 10,6 ‰ en 1975 à 10 ‰ en 1986 résulte des progrès de la médecine qui ont amené une chute de la mortalité due aux maladies cardio-vasculaires et de la mortalité infantile. Le taux de mortalité infantile (nombre d'enfants morts avant leur premier anniversaire pour 1 000 enfants nés vivants) est passé de 63,4 ‰ en 1950, à 13,6 ‰ en 1975 et à 8,1 ‰ en 1986.

L'inégalité devant la mort

Inégalité entre les sexes : les hommes connaissent à tous les âges un risque de mourir supérieur à celui des femmes. Entre 15 et 24 ans, à cause des accidents de la route, après 55 ans, à cause d'un usage plus fréquent de l'alcool et du tabac.
Inégalité socioprofessionnelle :

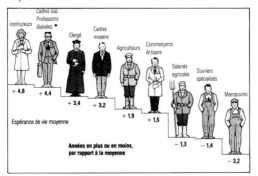

L'ESPÉRANCE DE VIE

Espérance de vie à la naissance
Durée moyenne pour les deux sexes, en années et dixièmes d'années

Avec une espérance de vie à la naissance de 71,5 ans pour les hommes, et de 79,6 ans pour les femmes, la France se situe en 1986 aux premiers rangs des pays développés. Mais il existe de grandes différences entre les régions françaises. Le nord de la France, l'ouest (Bretagne) et l'est (Lorraine et Alsace) connaissent des durées de vie inférieures à la moyenne nationale, notamment en raison de cirrhoses alcooliques.

Espérance de vie la plus longue			
hommes		femmes	
Deux-Sèvres	73,2	Vienne	80,2
Vienne	72,8	Indre-et-Loire	80,1
Ariège	72,8	Alpes-Maritimes	79,9
Haute-Garonne	72,7	Essonne	79,9
Aveyron	72,7	Haute-Vienne	79,8
Aude	72,6	Tarn	79,8

Espérance de vie la plus courte			
hommes		femmes	
Morbihan	67,3	Nord	76,4
Pas-de-Calais	67,3	Pas-de-Calais	76,5
Nord	67,6	Moselle	77,1
Finistère	68	Haut-Rhin	77,3
Côtes-du-Nord	68,4	Somme	77,4
Vosges	68,8	Morbihan	77,4

CADRE NATUREL
POPULATION
ORGANISATION
VIE ÉCONOMIQUE
COMMUNICATION
FRANCE ET MONDE

Les couples français

Depuis 1972, année record où ont été célébrés 417 000 mariages, les Français se marient de moins en moins et divorcent de plus en plus. Dans le même temps, le nombre de couples en union libre s'est spectaculairement multiplié. Le nombre de personnes vivant seules aussi. On estime aujourd'hui que, sur une génération de 800 000 personnes, 600 000 personnes se marieront mais 200 000 divorceront avant la cinquième année, 200 000 resteront célibataires.

La chute des mariages

1972 : 417 000 mariages célébrés ; 1987 : 266 000.

La chute des mariages est un des faits marquants de notre temps.

Il faut en voir la cause dans les changements de mentalités et dans la situation économique. Face à la crise et à l'incertitude devant l'avenir, le mariage n'apparaît plus comme le rempart de la sécurité affective et matérielle. De plus, les rapports entre les sexes ont été modifiés par l'autonomie des femmes qui travaillent, par l'élévation du niveau d'instruction des jeunes filles, par la maîtrise de la fécondité grâce à une contraception sûre.

La religion a aussi perdu de son influence : trois mariages sur quatre étaient célébrés à l'église en 1972, un peu moins de deux sur trois aujourd'hui.

La montée des divorces

1970 : 37 000 divorces prononcés ; 1986 : 102 000.

La montée des divorces, constante depuis son rétablissement en 1884, s'est amplifiée depuis les années 1970.

Les divorces sont plus nombreux en zones urbaines et industrialisées qu'en zones rurales où les structures d'exploitation de la terre et les traditions religieuses constituent un frein.

L'initiative de la séparation revient majoritairement à la femme : sur 10 divorces, 3 sont demandés conjointement par les époux, 2 par les hommes, 5 par les femmes. La garde des enfants est dans 85 % des cas confiée à la mère. Des obligations financières liées à la garde des enfants sont accordées dans 60 % des cas, mais 35 % seulement des pensions alimentaires sont versées régulièrement et intégralement.

L'explosion de l'union libre

1975 : 446 000 couples non mariés recensés ; 1985 : 975 000.

L'explosion de l'union libre est le fait des 600 000 jeunes couples non mariés dans lesquels l'homme a moins de 35 ans.

L'union libre est plus fréquente dans les populations salariées, urbaines et ouvrières : ainsi à Paris elle est majoritaire pour les couples où l'homme a moins de 25 ans ; et 45 % des hommes concubins de moins de 35 ans sont ouvriers.

La « cohabitation juvénile » a longtemps été considérée comme un simple mariage à l'essai, régularisé à la venue du premier enfant. En fait, le nombre de naissances illégitimes témoigne de la désaffection des jeunes pour le mariage : il y avait eu 63 000 naissances hors mariage en 1975, il y en a eu 135 000 en 1984, soit près d'une naissance sur 5.

ÉVOLUTION DES COUPLES 62-86

Évolution du nombre annuel de mariages et de divorces et évolution du nombre de couples non mariés où l'homme a moins de 35 ans pour la période 1962-1986

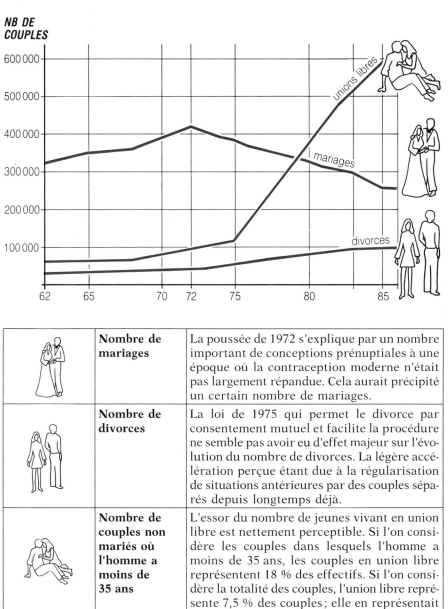

	Nombre de mariages	La poussée de 1972 s'explique par un nombre important de conceptions prénuptiales à une époque où la contraception moderne n'était pas largement répandue. Cela aurait précipité un certain nombre de mariages.
	Nombre de divorces	La loi de 1975 qui permet le divorce par consentement mutuel et facilite la procédure ne semble pas avoir eu d'effet majeur sur l'évolution du nombre de divorces. La légère accélération perçue étant due à la régularisation de situations antérieures par des couples séparés depuis longtemps déjà.
	Nombre de couples non mariés où l'homme a moins de 35 ans	L'essor du nombre de jeunes vivant en union libre est nettement perceptible. Si l'on considère les couples dans lesquels l'homme a moins de 35 ans, les couples en union libre représentent 18 % des effectifs. Si l'on considère la totalité des couples, l'union libre représente 7,5 % des couples ; elle en représentait 3 % en 1962.

CADRE NATUREL
POPULATION
ORGANISATION
VIE ÉCONOMIQUE
COMMUNICATION
FRANCE ET MONDE

Une population urbaine

La population française est pour les trois quarts urbaine. Une population est considérée comme urbaine quand elle regroupe plus de 2 000 personnes dans les limites d'une commune ou d'une agglomération multicommunale où l'habitat est continu. Plus de 40 millions de Français vivent ainsi en ville.

Les villes françaises, dont la croissance a tendance à se ralentir, forment un réseau urbain original en Europe du fait du poids exceptionnel de l'agglomération parisienne qui abrite, à elle seule, près du cinquième de la population française.

Répartition des communes urbaines

Tranches de population	Communes Nombre	%	Population correspondante Nombre	%
500 000 h et plus	2 ⎫		3 067 607	7,5
200 000 h à 499 999 h	10 ⎬ 1	1	2 630 495	6,5
100 000 h à 199 999 h	24 ⎭		3 233 050	8
50 000 h à 99 999 h	68	2	4 503 062	11
30 000 h à 49 999 h	123	3	4 750 661	11,5
10 000 h à 29 999 h	574	14	9 645 859	23,5
5 000 h à 9 999 h	817	20	5 588 696	14
2 000 h à 4 999 h	2 402	60	7 308 516	18

Les 5 plus grandes agglomérations

	Commune	Agglomération
Paris	2 188 918	8 706 963
Lyon	413 095	1 220 844
Marseille	874 436	1 110 511
Lille	168 234	936 295
Bordeaux	208 159	640 012

La croissance des villes

La croissance des villes, qui était continue depuis 1945, s'est ralentie. Les villes de plus de 50 000 habitants connaissent une augmentation très modérée de leur population, voire même une diminution au dessus de 200 000 h. Seules les villes de moins de 10 000 h ont une croissance supérieure à la moyenne nationale. La spéculation foncière, au centre des grandes villes, le développement des transports, l'attrait de la maison individuelle expliquent ces mouvements de population.

La zone d'attraction des villes

La zone d'attraction des ville est sa zone d'influence. Cette influence varie selon la qualité des équipements administratifs, commerciaux et bancaires, scolaires ou sportifs qu'elle propose : commerces de détail ou grande surface, collège ou lycée, clinique ou centre hospitalier...

Mais cette zone d'attraction a ses limites : le temps de parcours du domicile à la ville. Ainsi la force d'attraction commerciale d'une ville résiste rarement à un trajet de plus d'une heure.

LE RÉSEAU URBAIN FRANÇAIS

Réseau urbain et zone d'attraction des villes

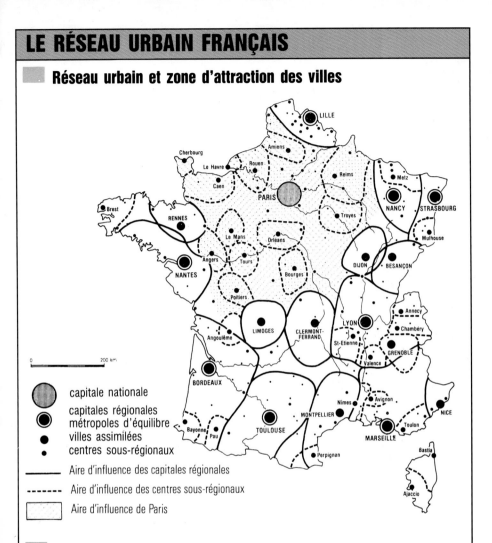

Légende :

- capitale nationale
- capitales régionales
- métropoles d'équilibre
- villes assimilées
- centres sous-régionaux

—— Aire d'influence des capitales régionales

- - - Aire d'influence des centres sous-régionaux

☐ Aire d'influence de Paris

Un réseau urbain organisé

Paris, capitale nationale : Paris compte 13 fois plus d'actifs dans les commerces et les services que Lyon, ville au second rang. Paris exerce une grande influence sur plus du quart du territoire national.

16 capitales régionales : il s'agit des 8 villes choisies comme métropoles d'équilibre, dans les années soixante, auxquelles il faut ajouter 8 villes qui, par leur rayonnement, ont atteint le rang de capitale régionale. Leurs zones d'attraction sont inégales, plus étendues dans l'Ouest et le Sud-Ouest en raison d'un tissu urbain plus lâche.

28 centres sous-régionaux : ils assurent le relais des capitales régionales et organisent l'espace au centre duquel ils se situent. Des vides relatifs apparaissent à l'est et au sud du Bassin Parisien, en Bretagne intérieure, au sud du Massif central, au sud des Alpes.

CADRE NATUREL
POPULATION
ORGANISATION
VIE ÉCONOMIQUE
COMMUNICATION
FRANCE ET MONDE

Les paysages urbains

Lieux de vie pour 40 millions d'habitants, les villes françaises présentent une grande homogénéité de paysage. Au-delà des différences dues au site et au volume de la population, il est souvent possible de lire, dans les franges successives de l'habitat urbain, l'histoire d'une ville.

Le centre des villes

S'il est ancien, le centre, établi autour d'une place, de l'hôtel de ville, d'une église, est fait de rues étroites pouvant dater de plusieurs siècles. Un habitat, souvent vétuste, abrite des personnes âgées et de petits commerçants.

S'il a été rénové, il est alors occupé par des catégories sociales aisées. Il peut être devenu piétonnier.

Les quartiers péricentraux

Au contact du centre historique s'élèvent des quartiers constitués d'immeubles bourgeois, de 3 ou 4 étages, datant du XIXe ou du début du XXe siècle. A moins que ne se succèdent de petites maisons, parfois jointives, datant d'avant 1939 et abritant des ouvriers qualifiés âgés ou des cadres moyens.

La banlieue

A la limite des quartiers péricentraux, de petits pavillons s'étendent, en étoile, le long des voies de communication. Mais plus caractéristiques des banlieues sont les immeubles locatifs, de type HLM, bâti dans les années 60 : des barres de 4 étages, sans ascenseur, disposées géométriquement, alternent avec des tours de 10 étages. Dans la banlieue existent aussi des quartiers résidentiels habités par des cadres et constitués par de petits immeubles ou des maisons individuelles.

La grande banlieue

A de grandes distances des centres-villes, au contact de la campagne, s'étendent des lotissements, plus ou moins récents ; certains datent des années 60. Ils voisinent avec d'anciennes maisons rurales rénovées et adaptées aux besoins des citadins.

Les villes nouvelles

Le programme des villes nouvelles, conçu dans les années 60, avait pour but de rompre avec la malheureuse expérience des grands ensembles et d'endiguer l'anarchie de la marée pavillonnaire. Il voulait créer des villes adaptées à l'automobile, de vraies villes avec habitat, commerce, travail et loisirs.

Cinq d'entre elles se trouvent dans la région parisienne : Cergy-Pontoise, Evry, St-Quentin-en-Yvelines, Marne-la-Vallée et Melun-Sénart. Quatre en province : Le Vaudreuil près de Rouen, Villeneuve-d'Ascq près de Lille, l'Isle-d'Abeau près de Lyon, les Rives-de-l'étang-de-Berre près de Marseille.

Lieux de recherches d'architecture et d'urbanisme, elles se singularisent par l'importance accordée aux espaces de loisirs et à l'environnement végétal. A Melun-Sénart, par exemple, les immeubles collectifs ne dépassent jamais 2 à 3 niveaux, la hauteur des arbres.

PARIS

Paris et son agglomération

Espaces verts et espaces bâtis de l'agglomération parisienne

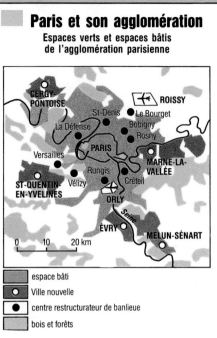

- **espace bâti**
- ○ Ville nouvelle
- ● centre restructurateur de banlieue
- **bois et forêts**

Paris intra-muros, aujourd'hui délimité par le boulevard périphérique, supporte sur 105 km² une densité de 20 265 h/km². L'espace bâti occupe 93 % du sol. Malgré la présence de 33 000 arbres, les trois quarts des parisiens ne disposent pas d'un espace vert de proximité.

L'agglomération parisienne supporte une densité de 3 766 h/km². La situation varie selon les banlieues, mais globalement l'espace bâti représente plus de la moitié des 2 312 km² qui la compose. 26 de ses 350 communes comptent plus de 50 000 habitants.

Un gigantesque rayonnement

Paris, ville capitale, est le siège du pouvoir politique.

L'agglomération parisienne est la première région économique de France.

Elle concentre 21 % des emplois français, 31 % des appels téléphoniques, 50 % des sièges sociaux des entreprises françaises (dont 150 des 200 plus importantes), 58 % des chercheurs, 27 % des emplois tertiaires, 68 % des techniciens supérieurs en informatique, 70 % des sièges sociaux d'assurance, 96 % des sièges sociaux de banque.

Le rayonnement culturel est aussi intense. Paris regroupe le tiers des étudiants français et abrite un grand nombre de musées et de lieux de spectacles : 50 % des théâtres, 14 000 représentations dans l'année.

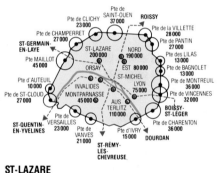

ST-LAZARE
200 000 : nombre de voyageurs par jour, par gare SNCF ou RATP

Le trafic quotidien banlieue-Paris

20 millions de déplacements sont dénombrés chaque jour pour le travail, les achats et les loisirs. Près de 1,5 millions de véhicules entrent et sortent quotidiennement de la capitale dont les rues ne peuvent supporter la circulation simultanée que de 300 000 véhicules.

Les 36 km du périphérique parisien, qui absorbent le trafic banlieue et le trafic à distance, font office de grand carrefour national... souvent embouteillé.

CADRE NATUREL
POPULATION
ORGANISATION
VIE ÉCONOMIQUE
COMMUNICATION
FRANCE ET MONDE

Les villages français

31 639 communes sur 36 527, soit 86 % d'entre elles, ont moins de 2 000 habitants. C'est la France des villages. Elle abrite 26,5 % de la population.
Les villages français présentent une grande variété de sites et d'habitats qui s'expliquent par la diversité des conditions naturelles, par la différence de traditions dans la mise en valeur des espaces agricoles. La maison rurale, la ferme, est à la fois pour le paysan cadre de travail et lieu d'habitation.

Les types de villages

Dans de nombreux villages les maisons sont simplement juxtaposées, parfois jointives, sans organisation apparente. Ce sont des villages « en tas ». Mais l'on peut reconnaître quelques dispositions types.

Le village-rue	**Le village-en-étoile**	**Le village-en-cercle**

Les maisons se font face de part et d'autre d'une unique rue.	Les maisons s'alignent le long des routes qui traversent le village.	Les maisons sont disposées, en cercles concentriques, autour d'une place, d'un bâtiment important.

Les types de fermes

La « maison-bloc » regroupe en un seul bâtiment le logement de l'agriculteur et les locaux d'exploitation. C'est la ferme du vigneron dont le cellier occupe tout le rez-de-chaussée.

La ferme à cour fermée

Maison d'habitation, granges, hangar entourent une cour centrale à laquelle on accède par un vaste porche. C'est la ferme des pays de grande culture.

La ferme à cour ouverte

Maison d'habitation, granges, étables s'éparpillent dans un enclos herbeux entouré de haies d'arbres (la mesure). C'est la ferme des pays d'élevage.

LES ARCHITECTURES PAYSANNES TRADITIONNELLES

Les grands types de maisons paysannes

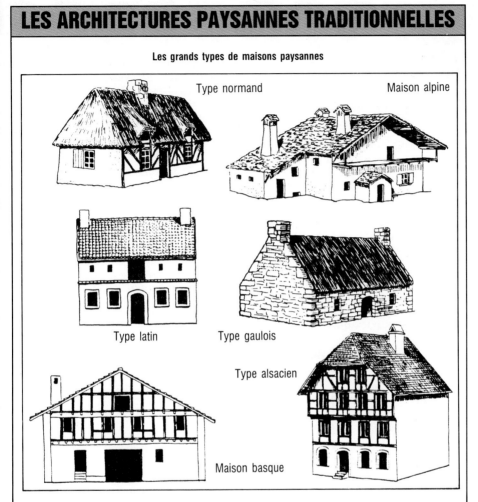

Type normand

Maison alpine

Type latin

Type gaulois

Type alsacien

Maison basque

Les maisons paysannes traditionnelles sont d'une grande variété.

Avant la généralisation de la brique, le paysan utilisait les matériaux qu'il trouvait sur place.

De là, l'opposition entre maisons de pierre (les 4/5e) et les maisons en colombage où une carcasse de poutres encadre un remplissage de torchis (argile + paille hachée). De là, l'opposition entre les toits : couvertures de chaumes, de tuiles, d'ardoises, de lauzes (pierres).

Elles s'opposent par leur architecture et leur civilisation d'origine. Deux grands types sont majoritaires : le type gaulois et le type latin.

La maison d'origine gauloise est sans étage, rectangulaire, avec un toit en forte pente. On la rencontre dans l'Ouest, le Centre et le Nord.

La maison d'origine latine est à étages. Sa façade est située sous la faible pente d'un toit de tuiles rondes. On la rencontre essentiellement dans la moitié sud de la France.

CADRE NATUREL
POPULATION
ORGANISATION
VIE ÉCONOMIQUE
COMMUNICATION
FRANCE ET MONDE

Les étrangers en France

4 449 000 étrangers de 129 nationalités vivent en France. Ils représentent 8 % de la population. La France se situe ainsi en Europe après la Suisse (14,5 %) et la Belgique (9 %). 1 600 000 étrangers contribuent directement, par leur travail, au développement de l'économie française. Une voiture sur quatre, un kilomètre d'autoroute sur trois sont réalisés par des travailleurs immigrés. Plus d'un million de jeunes étrangers sont scolarisés sur les bancs des écoles, mais moins de 4 % d'entre eux vont jusqu'au baccalauréat.

La venue des étrangers

La venue d'étrangers en France est un phénomène ancien. Des vagues d'immigrants se sont succédées depuis 1850 (voir page 42). Le nombre d'étrangers est passé de 1 % de l'ensemble de la population en 1850, à 3 % en 1914, à 6,6 % en 1931. Après la Seconde Guerre mondiale, l'Office National de l'Immigration a organisé la venue des étrangers. Ils représentaient 6,5 % en 1974, date à laquelle l'immigration a été suspendue, sauf pour les travailleurs originaires de la CEE.

La France continue toutefois d'accueillir au titre du droit d'asile de nombreux réfugiés politiques du Sud-Est asiatique, d'Amérique Latine...

La nationalité des étrangers résidant en France

Pays d'origine	Nombre	Pays d'origine	Nombre
Espagne	380 000	Algérie	777 000
Italie	426 000	Maroc	520 000
Portugal	860 000	Tunisie	215 000
Autres pays CEE	191 000	Afrique noire	153 000
Pologne	62 000	Réfugiés	154 000
Autres pays d'Europe	255 000	Autres pays	477 000

Une démographie particulière

Les hommes sont plus nombreux que les femmes dans les populations étrangères. Ils représentent 60 % des effectifs dans la tranche d'âge 25-54 ans (48 % pour les français). Une natalité plus élevée explique l'augmentation actuelle du nombre d'étrangers.

L'acquisition de la nationalité française

Évolution des acquisitions de nationalité française	
Périodes	Effectifs
1946-55	499 000
1956-65	326 000
1966-75	385 645
1976-85	474 665
1986	36 000

L'IMPLANTATION DES ÉTRANGERS

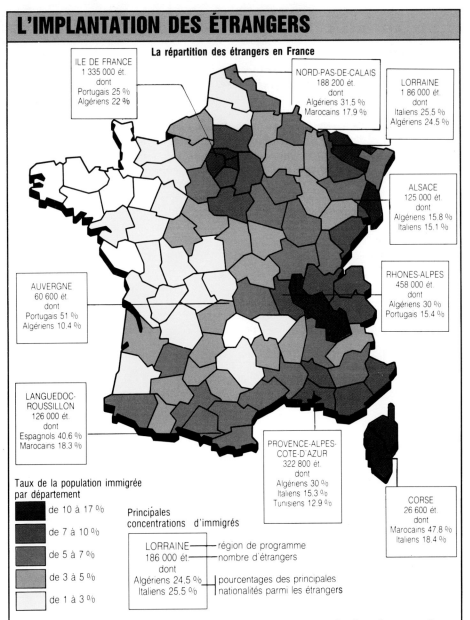

La répartition des étrangers en France

ILE DE FRANCE
1 335 000 ét.
dont
Portugais 25 %
Algériens 22 %

NORD-PAS-DE-CALAIS
188 200 ét.
dont
Algériens 31.5 %
Marocains 17.9 %

LORRAINE
1 86 000 ét.
dont
Italiens 25.5 %
Algériens 24.5 %

ALSACE
125 000 ét.
dont
Algériens 15.8 %
Italiens 15.1 %

RHONES-ALPES
458 000 ét.
dont
Algériens 30 %
Portugais 15.4 %

AUVERGNE
60 600 ét.
dont
Portugais 51 %
Algériens 10.4 %

LANGUEDOC-ROUSSILLON
126 000 ét.
dont
Espagnols 40.6 %
Marocains 18.3 %

PROVENCE-ALPES-COTE-D'AZUR
322 800 ét.
dont
Algériens 30 %
Italiens 15.3 %
Tunisiens 12.9 %

CORSE
26 600 ét.
dont
Marocains 47.8 %
Italiens 18.4 %

Taux de la population immigrée par département

- de 10 à 17 %
- de 7 à 10 %
- de 5 à 7 %
- de 3 à 5 %
- de 1 à 3 %

Principales concentrations d'immigrés

LORRAINE —— région de programme
186 000 ét. —— nombre d'étrangers
dont
Algériens 24.5 % — pourcentages des principales
Italiens 25.5 % — nationalités parmi les étrangers

L'implantation territoriale des étrangers est très inégale dans l'espace français. Elle s'explique en partie par les voies d'arrivées en France et les traditions d'immigration selon les pays d'origine. Mais la raison majeure de cette localisation différenciée est l'activité économique des immigrés : 61 % sont ouvriers. Ils se sont installés dans les grandes agglomérations industrielles. La Corse faisant ici exception, avec un très important contingent d'ouvriers agricoles marocains.

CADRE NATUREL
POPULATION
ORGANISATION
VIE ÉCONOMIQUE
COMMUNICATION
FRANCE ET MONDE

Les religions des Français

> *La République française, laïque, c'est-à-dire indépendante de toute confession religieuse, assure « l'égalité devant la loi de tous les citoyens... sans distinction de religion. Elle respecte toutes les croyances. » (art. 2 de la constitution de 1958.)*
>
> *Le christianisme (catholicisme et protestantisme confondus) connaît, aujourd'hui, une crise des vocations et des pratiques. Il demeure cependant le courant religieux de l'énorme majorité des Français : 81 % se disent catholiques, 1,7 % protestants. L'islam est devenu au cours des dix dernières années, la deuxième religion de l'hexagone. Elle réunit 5 % de la population française. La religion juive en rassemble pour sa part 1,2 %.*

Les catholiques

On dénombre en France quelques 45 500 000 catholiques baptisés. Un peu plus de sept millions seulement sont pratiquants, c'est-à-dire qu'ils vont à la messe en dehors des seuls baptêmes, mariages et enterrements. Dans une France qui compte plus de 38 000 paroisses, 56 % d'entre elles n'ont plus de curé résident. Il est vrai que le nombre des prêtres est tombé de 41 000 en 1965 à 28 000 aujourd'hui. 200 000 laïcs prennent la relève pour enseigner le catéchisme et visiter les hôpitaux.

Il faut faire une place à part à plus de 150 000 catholiques orthodoxes issus des vagues d'immigrations grecque et slave du début du siècle.

Les protestants

On dénombre en France quelques 950 000 protestants mais seulement 200 000 pratiquants. Ils sont divisés en trois branches : l'Église réformée calviniste essentiellement implantée dans le Midi et en Poitou-Charentes ; l'Église luthérienne importante en Alsace, en Lorraine et à Paris ; les églises évangéliques parmi lesquelles les baptistes, les méthodistes, les adventistes et les pentecôtistes.

Les musulmans

On dénombre en France quelques 2 800 000 musulmans. Ils sont pratiquants à plus de 85 %. La France compte 72 mosquées, plus 800 à 1 000 lieux de culte installés dans des appartements, des hangars. L'islam, comme le judaïsme d'ailleurs, a une forte influence sur la vie quotidienne de ses fidèles. Le musulman ne consomme ni alcool, ni porc et il respecte le Ramadan le neuvième mois du calendrier musulman : de la naissance du jour à la tombée de la nuit, le fidèle s'abstient de boire, de fumer, de manger, de s'adonner à des plaisirs charnels.

Les juifs

On dénombre en France quelques 700 000 juifs qui forment la quatrième communauté juive mondiale. Seuls 100 000 d'entre eux sont réellement pratiquants, mangent de la viande casher et respectent le repos du charbat (sabbat ou samedi).

UNE FORTE PRÉSENCE CATHOLIQUE

16 % seulement des catholiques vont à la messe, 40 % des bébés ne sont pas baptisés. Cette désaffection pour la pratique religieuse ne doit pas masquer que le catholicisme a profondément marqué l'histoire de France, qu'il est une composante essentielle de l'identité nationale, que sa présence est forte dans la presse, à l'école, dans les arts.

■ Une culture

Le patrimoine artistique catholique est impressionnant. 89 cathédrales, 4 259 églises, 600 chapelles, 500 monastères constituent 45 % de l'ensemble des monuments historiques classés.

Notre-Dame de Paris et le Mont-Saint-Michel figurent en tête des monuments les plus visités de France.

■ La presse catholique

L'Église catholique dispose d'une presse puissante et indépendante (elle n'est pas le porte-parole officiel du Vatican). Ses titres couvrent des domaines variés et ont des tirages loin d'être négligeables.

Titre	Tirage
La Croix *quotidien*	108 000
Pèlerin magazine *hebdo*	399 000
La vie *hebdomadaire*	321 000
Télérama *hebdomadaire*	514 000
Notre temps *mensuel*	938 000
et pour la jeunesse	
Pomme d'api *mensuel*	149 000
Astrapi *bimensuel*	94 000
Okapi *mensuel*	88 000
J'aime lire *mensuel*	129 000
Phosphore *mensuel*	66 000

Les principaux titres de la presse catholique.

■ L'enseignement catholique

L'enseignement catholique représente la quasi-totalité des effectifs de l'enseignement privé français : 2 millions d'élèves sur un total de 2 280 000, soit 16 % des effectifs globaux de l'Éducation.

Le catholicisme est en crise. De multiples sondages révèlent que plus du tiers des baptisés ne croient pas à une vie éternelle... Il est peut-être aussi en mutation. La pratique religieuse a cessé de relever de la convention sociale pour devenir aujourd'hui plus individuelle, plus intériorisée. C'est peut-être en ce sens qu'il faut interpréter la prise de responsabilité de laïcs dans la vie de l'Église.

CADRE NATUREL
POPULATION
ORGANISATION
VIE ÉCONOMIQUE
COMMUNICATION
FRANCE ET MONDE

Les Français et la table

La France passe pour le pays du bien-manger, de l'art culinaire. L'abondance des vins et des fromages, la vitalité des cuisines régionales ont forgé le renom de la gastronomie française. Les comportements alimentaires des Français varient selon leur âge, leur catégorie socioprofessionnelle, leur région, leur origine ethnique. D'importants et récents changements modifient leur alimentation habituelle. Ainsi leur consommation moyenne de pain est passée de 500 grammes par jour et par personne en 1910, à 325 g en 1950, à moins de 180 g aujourd'hui. Ainsi la restauration collective qui concernait un français sur 20 en 1950, un sur dix en 1975, en concerne aujourd'hui plus d'un sur quatre et sert plus de 15 millions de repas chaque jour.

Les changements d'habitudes alimentaires

Quantités moyennes d'aliments consommés par personne

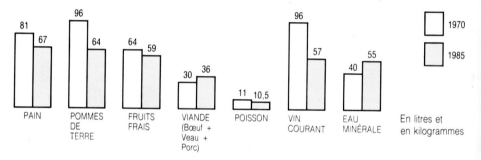

L'organisation des repas

L'organisation des repas reste traditionnelle. Si les Français depuis 1970 modifient le choix de leurs aliments, ils restent attachés aux trois repas : petit déjeuner, déjeuner, dîner, à leurs horaires et à leur composition : entrée, plat principal, salade, fromage, dessert.

S'ils sautent un repas, c'est de préférence le déjeuner pour 36 % d'entre eux, ou le petit déjeuner pour 24 %.

De la gastronomie au fast food

Quand ils ne mangent pas chez eux, les Français vont d'abord dans des restaurants (33 %), dans des bars ou des brasseries (17 %), dans des selfs ou des cantines (16 % chacun), dans des « fast food » (8,5 %).

La gastronomie n'est présente que dans une dizaine de milliers de restaurants et d'hôtels-restaurants sur les 90 000 existants. Et encore la table n'est-elle exceptionnelle que dans un millier d'entre eux.

Les repas sur le pouce se partagent entre les 76 000 débits de boisson qui servent des sandwichs et doivent résister à la montée du demi-millier de « fast food » qui s'installent au centre des villes. Mais la consommation annuelle du Français ne dépasse pas 2 hamburgers auxquels il ne consacre que 2,4 % de son budget restauration.

LES GRANDS PLATS RÉGIONAUX

BIFTECK POMMES-FRITES
bœuf grillé ou poêlé accompagné de pommes taillées en allumettes et frites dans l'huile bouillante.

LAPIN AUX PRUNEAUX
lapin mariné aux aromates et cuit à feu doux dans une sauce au vin avec des pruneaux et des raisins secs.

QUICHE LORRAINE
fond de tarte salé et garni de lardons grillés sur lesquels on jette des œufs battus.

FICELLE PICARDE
crêpe au jambon avec une sauce béchamel aux champignons.

CHOUCROUTE
préparation de choux fermenté, arrosée de vin blanc, servie avec des pommes vapeurs, des saucisses, des côtes de porc, du jambon.

TRIPES A LA MODE DE CAEN
tripes cuites dans une cocotte en terre avec un pied de veau, du vin blanc, des légumes.

FONDUE BOURGUIGNONNE
petits cubes de viande de bœuf que les convives cuisent à leur gré dans un poêlon d'huile bouillante.

CRÊPES BRETONNES
galettes légères à base de sarrasin ou de froment, consommées salées ou sucrées, fourrées ou flambées.

FONDUE SAVOYARDE
fromage fondu dans du vin blanc sec assaisonné dans lequel chaque convive plonge un cube de pain.

MOUCLADE
moules préparées à la crème ou à la marinière avec du vin blanc et des échalotes.

QUENELLES DE BROCHET
chair de poisson pilée et travaillée avec du lait, de la crème, des jaunes d'œufs, divisée en quenelles, nappée d'un roux blanc.

ENTRECOTE BORDELAISE
morceau de bœuf surmonté de la moelle coupée en lamelles, servi avec une sauce au vin rouge.

CONFIT D'OIE OU DE CANARD
morceaux de volailles cuits à l'étouffée et conservés dans leur graisse. Servi chaud ou froid.

PÂTÉ DE POMME DE TERRE
pâte légère rissolée au four garnie de pommes de terre, nappée de crème fraîche au moment de servir.

CASSOULET
mélange de viandes, épaule de mouton, saucisse de Toulouse, échine de porc, mitonné avec des haricots blancs.

BOUILLABAISSE
mélange de poissons de la Méditerranée, rascasse, rouget, girelle... cuit dans un bouillon au safran.

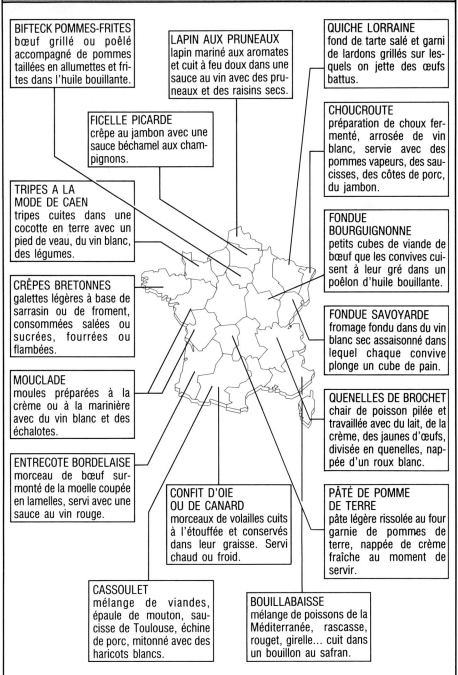

CADRE NATUREL
POPULATION
ORGANISATION
VIE ÉCONOMIQUE
COMMUNICATION
FRANCE ET MONDE

Les Français et le sport

60 % des Français, soit 35 millions d'individus, s'adonnent à la pratique d'un sport dans 70 000 stades, 19 000 gymnases et 36 000 piscines. 23 % des Français, soit 12 500 000 d'entre eux, sont licenciés dans l'une des 91 fédérations sportives nationales. Mais le sport n'est pas que loisir et ses enjeux économiques et commerciaux sont gigantesques.

Qui pratique un sport ?

La pratique sportive, très forte avant vingt ans, diminue avec le mariage, les enfants et l'âge. Pour les sports d'équipe, la pratique est seize fois plus faible dans la tranche d'âge 40-59 ans que dans celle des moins de vingt ans. L'habitant des grandes agglomérations urbaines fait plus de sport que celui des communes rurales. Enfin si 60 % des Français avouent avoir une activité sportive, le chiffre tombe à 30 % si l'on envisage une pratique régulière.

Les huit fédérations les plus importantes

	Hommes	Femmes	Total
Football	1 699 762	31 450	1 731 212
Tennis	859 322	461 142	1 320 464
Ski	537 725	289 592	827 317
Pétanque	445 145	43 697	488 842
Judo	308 257	74 297	382 554
Basket	186 464	167 828	354 292
Rugby	215 594	—	215 594
Handball	114 850	60 549	175 399

Le sport et l'argent

Le sport est un métier pour un peu plus de mille Français. Les footballeurs, avec plus de 500 joueurs professionnels, constituent le contingent le plus important. Ils sont suivis par le golf (1/4 des professionnels), la boxe et le cyclisme. Le sport automobile et le tennis ne comptent chacun que deux ou trois dizaines de professionnels.

Les enjeux de ces sports-spectacles dépassent la stricte compétition sportive. Si le vainqueur 1987 du tournoi de tennis de Roland Garros a empoché 1 279 000 francs, c'est qu'il fait vendre des articles de sport, vêtements ou accessoires. La publicité, autorisée sur les maillots des footballeurs en 1968, a, depuis, envahi les stades. Les voitures de formule 1 disparaissent sous les autocollants.

La presse sportive

La presse sportive est forte d'une vingtaine de titres, hebdomadaires ou mensuels très spécialisés, dont la diffusion globale dépasse 1 600 000 exemplaires vendus. L'intérêt pour le sport est tel qu'il permet, depuis 1944, l'existence d'un quotidien exclusivement sportif « L'Équipe » qui diffuse, en moyenne, 260 000 exemplaires par jour. Cela représente entre 400 et 450 000 lecteurs réguliers. Le chiffre monte à un million de lecteurs pour le numéro du samedi, à un million et demi pour le numéro du lundi qui rend compte des épreuves sportives du week-end.

BALLON OVALE OU BALLON ROND ?

France du football et France du rugby

Les principales fédérations de football et de rugby

□ rugby plus de 2 400 licenciés

░ football plus de 8 000 licenciés

Le football est présent sur l'ensemble du territoire français.

Le rugby est essentiellement pratiqué au sud d'une ligne La Rochelle/Bourg-en-Bresse avec une plus forte concentration dans le Sud-Ouest. Sa présence à Paris s'explique par le formidable réservoir de près de 9 millions d'habitants de l'agglomération parisienne.

Le football

Le football est pratiqué en France par 1 732 000 personnes au sein de 22 275 clubs. Ses effectifs ont progressé de 55 % en dix ans.

20 clubs de première division et 36 clubs de deuxième division, répartis en 2 groupes de 18, animent la saison et disputent, au sein de chaque catégorie, un championnat de France.

Le championnat de France de première division attire une moyenne de 10 000 spectateurs par match. Les billets d'entrée vendus ne représentent que 49 % des recettes des clubs fran-

çais qui ne parviennent pas à équilibrer leur budget malgré les importantes ressources de la publicité. Aussi les municipalités sont-elles souvent mises à contribution pour verser des subventions.

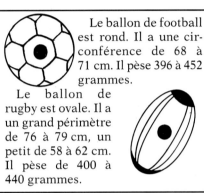

Le ballon de football est rond. Il a une circonférence de 68 à 71 cm. Il pèse 396 à 452 grammes. Le ballon de rugby est ovale. Il a un grand périmètre de 76 à 79 cm, un petit de 58 à 62 cm. Il pèse de 400 à 440 grammes.

Le rugby

Le rugby est pratiqué en France par 215 000 personnes au sein de 1 745 clubs. Ses effectifs ont progressé de 51 % en dix ans.

80 clubs de première division, répartis en deux groupes égaux, eux-mêmes divisés en 5 poules de 8, animent la saison et disputent un championnat de France.

Les joueurs de rugby sont amateurs. La fédération de rugby est misogyne : elle ignore les 31 clubs de rugby féminin qui ont dû créer, pour survivre, leur propre fédération.

Sports de masse, le rugby et le football sont aussi spectacles médiatiques. Leur audience à la télévision est comparable, ce qui est extraordinaire dans la mesure où le rugby compte 8 fois moins de licenciés que le football.

CADRE NATUREL
POPULATION
ORGANISATION
VIE ÉCONOMIQUE
COMMUNICATION
FRANCE ET MONDE

Les Français et la culture

Les Français consacrent, en moyenne, 3,4 % de leur budget à des dépenses d'ordre culturel. On a noté, ces dernières années, une baisse du nombre de spectateurs dans les cinémas, une diminution des achats de livres et de disques. Dans le même temps, on a assisté à l'essor de l'audiovisuel domestique (magnétoscopes) et à une progression notable dans la visite des monuments et la fréquentation des musées.

L'État français a consacré, en 1987, 7 544 millions de francs à la culture. Cela représente 0,7 % de son budget global.

La répartition des dépenses culturelles

récepteur TV	radio		photo cinéma		disques cassettes				
11 %	5,5 %	9,5 %	6,5 %	5 %	6 %	16 %	31,5 %		9 %
		magnétoscope magnétophone		cinéma (spectacle)		livres		presse	divers

La chute des spectateurs de cinéma

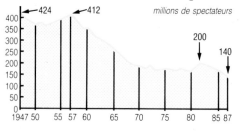

millions de spectateurs

Le cinéma a perdu, entre 1960 et 1980, la moitié de ses spectateurs. Après un léger mieux en 1982, la chute a repris. 490 des 5 000 salles françaises ont fermé en 1987. C'est l'une des conséquences de la multiplication des chaînes de télévision qui ont programmé cette même année 1 200 films sur le petit écran.

La baisse des achats de livres

La baisse des achats de livres, dont il est difficile de déterminer les causes exactes, est sensible depuis le début des années 1980. Malgré tout, près de 400 éditeurs réalisent globalement un chiffre d'affaires de plus de neuf milliards et demi de francs en publiant, chaque année, un peu moins de 30 000 titres représentant quelques 370 millions de livres.

La crise du disque

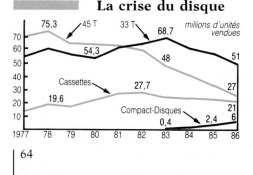

millions d'unités vendues

Le domaine de la musique enregistrée a vu l'effondrement des ventes de disques 33 tours. Cette chute n'a pas été compensée par la vente de 45 tours ni par celle des cassettes. Cela provient des facilités actuelles à faire de la copie privée (magnétophone double cassette) et de l'apparition du compact-disque à lecture laser.

MONUMENTS ET MUSÉES

Dans les vingt-cinq dernières années, la fréquentation des monuments a doublé, passant de 2,5 à 5 millions de visiteurs. Celle des musées a au moins quadruplé, atteignant le chiffre de 12 millions d'entrées.

Les monuments historiques

Les monuments historiques classés sont au nombre de 12 000. 45 % sont des édifices religieux. C'est l'Arc de triomphe qui reçoit le plus de visiteurs : 730 000. Il est suivi par l'abbaye du Mont-Saint-Michel, la Sainte-Chapelle et Notre-Dame de Paris.

Le monument le plus visité de France, la tour Eiffel, avec 4 368 000 visiteurs, ne relève pas de la Caisse Nationale des Monuments Historiques.

Les musées de France

Le nombre de musées est estimé à 2 100 environ. Il existe, en effet, à côté des grands musées, une foule de petits musées privés appartenant à des particuliers, des associations, des entreprises.

Le plus grand nombre d'entrées est réalisé sur Paris. La fréquentation des musées de province ne parvient qu'au chiffre d'un million de visiteurs, soit dix fois moins que Paris pour une population quatre fois plus importante.

A Paris, le seul musée du Louvre enregistre 3 millions d'entrées.

Les grands musées nationaux organisent régulièrement des expositions spéciales qui attirent un important public. En 1985, l'exposition Renoir a attiré 794 000 personnes.

Le phénomène Beaubourg

Créé en 1969, ouvert en 1977, le Centre National d'Art et de la Culture Georges Pompidou dresse les 15 000 tonnes de sa charpente métallique au-dessus du plateau Beaubourg.

Le centre reçoit 27 000 visiteurs par jour, sept millions et demi par an. Le public est jeune (moyenne 29 ans), masculin (à 60 %), français (à 61 %) ; il possède un niveau d'enseignement supérieur (à 66,5 %).

C'est la Bibliothèque Publique d'Information (BPI) qui attire la grande majorité du public : 50,5 % des gens pénétrant dans Beaubourg s'y rendent. L'accès aux livres est direct, libre et gratuit.

Le Centre organise des expositions dans la grande galerie. L'exposition Dali en 1980 a attiré 841 000 visiteurs.

Mode passagère, quête culturelle ou recherche de racines, la fréquentation des musées et monuments est en hausse. Mais c'est l'explosion des expositions qu'il convient de souligner en tant que phénomène culturel de masse.

CADRE NATUREL
POPULATION
ORGANISATION
VIE ÉCONOMIQUE
COMMUNICATION
FRANCE ET MONDE

Le logement des Français

Au recensement de 1982, la France comptait 23 709 000 logements dont 19 590 000 résidences principales partagées entre 10 millions de propriétaires, 8 millions de locataires et 1 500 000 ménages logés par l'employeur ou à titre gratuit. 1 850 000 logements étaient vacants et il existait 2 265 000 résidences secondaires.

Propriétaires et locataires

Plus d'un ménage sur deux est aujourd'hui propriétaire de sa résidence principale. La proportion était d'un sur trois en 1954.

Les propriétaires sont majoritaires dans un grand nombre de catégories sociales, notamment chez les agriculteurs où ils représentent 74 % des effectifs.

Les locataires sont majoritaires chez les employés, les ouvriers qualifiés et non qualifiés avec des pourcentages respectifs de 56 %, 50,5 % et 67 %.

L'accession à la propriété

Parmi les propriétaires, 48 % sont accédants à la propriété : ils remboursent encore mensuellement l'emprunt contracté pour l'achat de leur résidence principale. Pour cet emprunt, ils peuvent bénéficier, en fonction de leurs revenus, des « prêts aidés pour l'accession à la propriété » (PAP) et de « l'aide personnalisée au logement » (APL). Ce sont les ouvriers qualifiés qui contractent les plus gros emprunts (80 % du prix du logement), suivis par les ouvriers non qualifiés (76 %) et les cadres moyens (70 %).

Le règne de la maison individuelle

55 % des Français habitent des maisons individuelles. C'est leur mode d'habitation préféré. La maison est devenue majoritaire dans le parc immobilier français entre 1975 et 1982, et a représenté en 1984 jusqu'à 68 % des mises en chantier des logements.

Cet attachement à la valeur plus symbolique que financière de la maison individuelle pose problème dans les régions en crise économique : il restreint souvent la mobilité dans la recherche d'un nouvel emploi.

Le nombre de pièces dans chaque logement

1 7 %	2 pièces 15 %	3 pièces 26 %
4 pièces 27 %	5 15 %	6 10 %

Nota : une pièce partagée par une amorce de cloison est comptée pour deux pièces. Ne sont pas comptées les couloirs, entrées, salles de bains...

Les résidences secondaires

Les résidences secondaires sont des habitations utilisées seulement une partie de l'année par des personnes ayant plusieurs résidences. Les Français les occupent relativement peu : 16 % d'entre eux y séjournent régulièrement ; 45 % ne s'y rendent que rarement, voire jamais.

LE CONFORT DES FRANÇAIS

■ L'amélioration du confort

En 1982, 12 260 000 résidences principales, soit près des 2/3 d'entre elles, offrent tout le confort, c'est-à-dire qu'elles disposent à la fois de l'eau courante, de W.-C. intérieurs, d'une baignoire ou d'une douche et du chauffage central.

La proportion était d'une sur deux en 1975.

Proportion de résidences principales ayant tout le confort par région

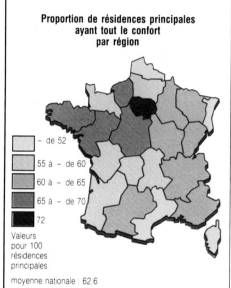

- de 52
55 à – de 60
60 à – de 65
65 à – de 70
72

Valeurs pour 100 résidences principales

moyenne nationale : 62,6

Chiffres du recensement de 1982

C'est en zone urbaine que le confort est plus répandu. 68 % des résidences principales possèdent tout le confort contre seulement 46 % en zone rurale.

■ La percée du chauffage central

En 1968, 34 % des résidences principales étaient équipées du chauffage central.

En 1982, c'est le cas de 65 % d'entre elles, soit 12 700 000 résidences.

Combustibles utilisés dans le chauffage central

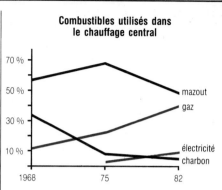

70 %
50 %
30 %
10 %

mazout
gaz
électricité
charbon

1968   75   82

Le charbon et le mazout déclinent au profit du gaz et de l'électricité.

■ L'équipement des ménages

Taux d'équipement des ménages (Juin 1985)

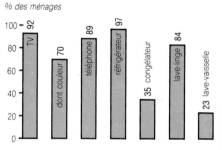

% des ménages

100
80
60
40
20
0

TV 92
dont couleur 70
téléphone 89
réfrigérateur 97
congélateur 35
lave-linge 84
lave-vaisselle 23

L'équipement en réfrigérateurs est arrivé à saturation, l'équipement en télévision n'en est pas loin.

Pour le téléphone, les progrès sont récents : seuls 15 % des ménages l'avaient en 1968, 26 % en 1975.

L'amélioration du confort et la généralisation de l'équipement des foyers français en télévision, téléphone et gros électro-ménager est l'un des faits marquants qui a modifié en profondeur le mode de vie des Français au cours des trente dernières années.

| CADRE NATUREL |
| POPULATION |
| **ORGANISATION** |
| VIE ÉCONOMIQUE |
| COMMUNICATION |
| FRANCE ET MONDE |

Départements et régions

La France compte 96 départements et 22 régions en métropole; 4 départements d'outre-mer qui sont autant de régions. L'établissement de départements et de régions est le résultat de la longue histoire des découpages territoriaux qui ont vu s'affronter les partisans de la centralisation et ceux du régionalisme.

Le découpage départemental

Le découpage départemental est le fait de la Révolution. Trois principes ont guidé sa réalisation en 1790 :
— la taille des départements devait être semblable : 6 100 km en moyenne ;
— le chef-lieu devait être situé de telle sorte que l'on puisse s'y rendre à cheval en une journée de n'importe quel point du département ;
— les noms donnés aux départements devaient gommer les vieilles références historiques et provinciales : ce sont des noms de rivières ou de montagnes.

Le découpage régional

Le découpage régional actuel existe dans les faits depuis 1960. Des « circonscriptions d'action régionale » avaient été définies, selon des critères économiques, pour servir de cadre aux plans régionaux d'aménagement du territoire. La loi du 2 mars 1982 a transformé la région, simple circonscription technique, en collectivité territoriale ayant un pouvoir autonome et exerçant des compétences jusqu'alors réservées à l'État.

Départements et régions

Alsace
67 Rhin (Bas-)
68 Rhin (Haut-)
Aquitaine
24 Dordogne
33 Gironde
40 Landes
47 Lot-et-Garonne
64 Pyrénées-Atlan.
Auvergne
03 Allier
15 Cantal
43 Loire (Haute-)
63 Puy-de-Dôme
Bourgogne
21 Côte-d'Or
58 Nièvre
71 Saône-et-Loire
89 Yonne
Bretagne
22 Côtes-du-Nord
29 Finistère
35 Ille-et-Vilaine
56 Morbihan

Centre
18 Cher
28 Eure-et-Loir
36 Indre
37 Indre-et-Loire
41 Loir-et-Cher
45 Loiret
Champ.-Ardenne
08 Ardennes
10 Aube
51 Marne
52 Marne (Haute-)
Corse
2A Corse-du-Sud
2B Haute-Corse
Franche-Comté
25 Doubs
39 Jura
70 Saône (Haute-)
90 Belfort (Ter. de)
Ile-de-France
75 Paris
77 Seine-et-Marne
78 Yvelines
91 Essonne

92 Hauts-de-Seine
93 Seine-St-Denis
94 Val-de-Marne
95 Val-d'Oise
Languedoc-Rous.
11 Aude
30 Gard
34 Hérault
48 Lozère
66 Pyrénées-Orien
Limousin
19 Corrèze
23 Creuse
87 Vienne (Haute-)
Lorraine
54 Meurthe-et-
      Moselle
55 Meuse
57 Moselle
88 Vosges
Midi-Pyrénées
09 Ariège
12 Aveyron
31 Garonne (Hte-)
32 Gers

46 Lot
65 Pyrénées (Htes-)
81 Tarn
82 Tarn-et-Garon.
Basse-Normandie
14 Calvados
50 Manche
61 Orne
Haute-Normandie
27 Eure
76 Seine-Maritime
Nord-Pas-de-Calais
59 Nord
62 Pas-de-Calais
Pays de la Loire
44 Loire-Atlant.
49 Maine-et-Loire
53 Mayenne
72 Sarthe
85 Vendée
Picardie
02 Aisne
60 Oise
80 Somme
Poitou-Charentes

16 Charente
17 Charente-
      Maritime
79 Sèvres (Deux-)
86 Vienne
Provence-Alpes-Côte-d'Azur
04 Alpes-de-Haute
      Provence
05 Alpes (Htes-)
06 Alpes-
      Maritimes
13 Bouches-du-
      Rhône
83 Var
84 Vaucluse
Rhônes-Alpes
01 Ain
07 Ardèche
26 Drôme
38 Isère
42 Loire
69 Rhône
73 Savoie
74 Savoie (Hte-)

LES 22 RÉGIONS MÉTROPOLITAINES

- limite de région
- chef-lieu de région
- limite de département
- BRETAGNE nom de région
- 63 code de département

Les régions

Les plus étendues	Les moins étendues	Les plus peuplées	Les moins peuplées
Midi-Pyrénées 45 348 km²	Corse 8 680 km²	Ile-de-France 10 250 900 h	Corse 248 000 h
Rhônes-Alpes 43 698 km²	Alsace 8 280 km²	Rhônes-Alpes 5 153 600 h	Limousin 735 800 h
Aquitaine 41 308 km²	Ile-de-France 12 012 km²	Provence-Alpes-Côte d'Azur 4 058 800 h	Franche-Comté 1 085 900 h
Centre 39 151 km²	Haute-Normandie 12 317 km²	Nord-Pas-de-Calais 3 923 000 h	Auvergne 1 334 400 h

CADRE NATUREL
POPULATION
ORGANISATION
VIE ÉCONOMIQUE
COMMUNICATION
FRANCE ET MONDE

La France maritime

10 millions de kilomètres carrés marins bordent la métropole et les DOM-TOM. Cela place la France au 3ᵉ rang des 118 nations maritimes du monde, après les États-Unis (13 millions de km²) et la Grande-Bretagne (10,5 millions de km²).
C'est aux DOM-TOM que la France doit ce rang mondial. Réduite à la métropole et à ses 340 290 km² marins, elle serait classée au 45ᵉ rang.

Eaux territoriales et zones économiques exclusives

Ligne côtière
établie selon la « laisse de basse mer », c'est-à-dire le rivage des marées les plus basses.

Limite des eaux territoriales
établie à 12 milles nautiques (22 km) de la ligne côtière. La France peut interdire le passage à tout navire qui n'est pas « inoffensif ».

Limite de la Zone Économique Exclusive
établie à 200 milles nautiques (370 km) de la ligne côtière.
La France exerce dans cette zone des droits « souverains et exclusifs » sur les ressources vivantes et minérales des eaux du sol et du sous-sol.
La navigation y est totalement libre.

Iles et îlots des Dom-Tom

Les îles et îlots des Dom-Tom permettent à la France de disposer d'un immense espace maritime. Pour une superficie terrestre de 558 919 km², la Zone Économique Exclusive des Dom-Tom s'étend sur 9 222 810 km² marins. Les îles de la Nouvelle-Calédonie, par exemple, ont une superficie de 19 058 km² et une ZEE de 2 105 000 km². L'îlot — aujourd'hui inhabité — de Clipperton, à 3 000 km des côtes mexicaines, donne à la France la libre disposition d'une ZEE de 430 000 km² marins.

La mise en valeur des richesses marines

La mise en valeur des richesses marines est le fait de l'Institut Français de Recherche pour l'Exploitation de la Mer (IFREMER). C'est lui qui élabore la politique à suivre : gestion rationnelle des produits de la pêche, prospection de gisements pétroliers sous-marins, mise en exploitation des nodules polymétalliques. Ces nodules sont des concrétions pierreuses dans lesquelles manganèse, nickel, cobalt et cuivre représentent au moins 2,6 % de leur poids sec. Leur ramassage n'est pas aisé. Les nodules sont situés sous 4 500 à 5 500 mètres d'eau et leur exploitation industrielle, difficile et coûteuse, ne pourra exister qu'autour de l'an 2 000.

ZONES MARINES MÉTÉOROLOGIQUES

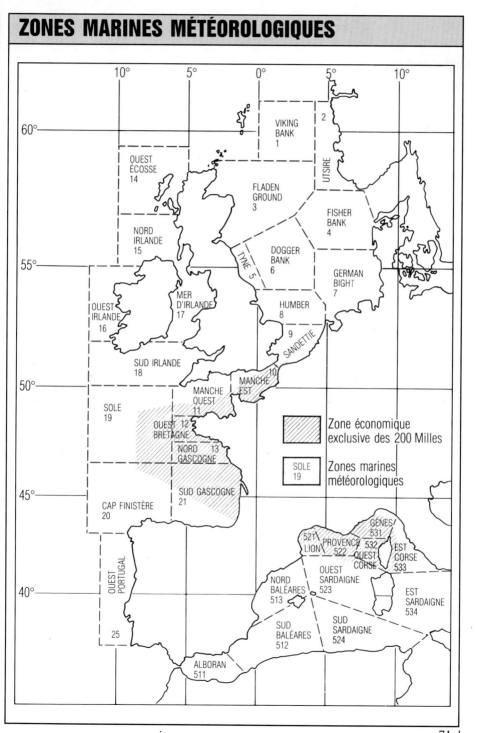

VIKING BANK 1

2

OUEST ÉCOSSE 14

UTSIRE

FLADEN GROUND 3

FISHER BANK 4

NORD IRLANDE 15

TYNE 5

DOGGER BANK 6

GERMAN BIGHT 7

MER D'IRLANDE 17

HUMBER 8

OUEST IRLANDE 16

9

SANDETTIE

SUD IRLANDE 18

10

MANCHE EST

SOLE 19

MANCHE OUEST 11

OUEST BRETAGNE 12

NORD GASCOGNE 13

CAP FINISTÈRE 20

SUD GASCOGNE 21

Zone économique exclusive des 200 Milles

SOLE 19   Zones marines météorologiques

OUEST PORTUGAL

GÊNES 531

521 LION

PROVENCE 522

532

EST CORSE 533

OUEST CORSE

OUEST SARDAIGNE 523

NORD BALÉARES 513

EST SARDAIGNE 534

25

SUD BALÉARES 512

SUD SARDAIGNE 524

ALBORAN 511

71

CADRE NATUREL
POPULATION
ORGANISATION
VIE ÉCONOMIQUE
COMMUNICATION
FRANCE ET MONDE

La France scolaire

Un Français sur quatre est à l'école. 12 300 000 élèves suivent, dans 60 000 écoles primaires et 11 200 collèges et lycées, une scolarité encadrée par 650 000 enseignants. 1 200 000 étudiants suivent, dans 74 universités, les cours de 47 000 professeurs. Pourtant si l'on considère les Français de plus de 15 ans, le pourcentage de bacheliers ne représente que 29,5 % des effectifs d'une génération en âge de se présenter au baccalauréat.

La composition du corps enseignant
selon le sexe et le niveau d'enseignement (en pourcentage)

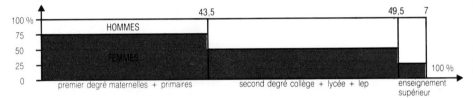

L'allongement de la scolarité

L'allongement de la scolarité est sensible. L'âge moyen de fin de scolarisation se situe aujourd'hui vers 18 ans (16 ans en 1973). Un jeune sur deux ne quitte l'école qu'à 19 ans ou plus. Il y a plusieurs raisons :
— l'échec scolaire massif : 2/3 des élèves seulement parviennent en sixième sans redoubler une classe primaire ;
— la recherche d'une qualification plus poussée : elle permet de mieux résister au chômage ;
— le chômage des jeunes : l'attrait d'un salaire immédiat pour certaines familles n'entre plus en rivalité avec le maintien à l'école.

Les sorties du système éducatif

Le niveau de sortie du système éducatif est en étroite relation avec les risques de chômage qui sont d'autant plus grands que le niveau scolaire est faible. Les personnes quittant l'école sans aucun diplôme connaissent souvent un chômage de longue durée. Les titulaires d'un CAP ou d'un BEP trouvent plus facilement du travail, même si c'est au prix d'un déclassement professionnel et après plusieurs mois de chômage. Il en va de même pour les titulaires du baccalauréat, mais le déclassement est moins fréquent. Pour les filières supérieures, notamment les filières courtes et techniques (Bac + 2, BTS, DUT...) mieux adaptées au marché de l'emploi, le délai de chômage est bref, voire inexistant.

5 millions d'illettrés

5 millions de Français de plus de 15 ans peuvent être considérés comme illettrés. En 1986, sur 420 000 jeunes appelés à l'armée, 30 000, soit 7 %, ont été reconnus illettrés. Un élève sur 5 qui entre en sixième ne sait pas lire correctement.

L'illettré ne peut, seul, remplir un questionnaire, déchiffrer un mode d'emploi. Il a pourtant appris à lire, mais il est incapable de lire ou d'écrire « en le comprenant, un exposé simple et bref de faits en rapport avec la vie quotidienne » (critère défini par l'Unesco).

LES DIPLÔMES DES FRANÇAIS

**Les diplômes des Français de plus de 15 ans
(en pourcentage pour chacun des sexes)**

HOMMES | FEMMES

| 50 | 58 | 6,1 | 8,2 | 24 | 15,8 | 8,5 | 8,4 | 4,3 | 6 | 6,5 | 3,5 |

AUCUN DIPLÔME OU CERTIFICAT SEUL   BEPC SEUL   CAP BEP   BAC   BAC + 2   BAC + 4

Des Français plus diplômés

Évolution du nombre de bacheliers		
Années	Nb de bacheliers	% de bacheliers dans une génération
1901	7 126	0,9 %
1931	15 007	2,5 %
1955	41 433	7,2 %
1969	137 015	16,2 %
1979	215 604	25,3 %
1986	264 100	29,4 %

Le niveau général d'instruction a considérablement augmenté en France. Le nombre de diplômés, qu'il s'agisse de titulaires d'un CAP, d'un BEP ou d'un baccalauréat, ne cesse d'augmenter.

En admettant qu'il existe un écart moyen de 28 ans entre parents et enfants, on constate que les jeunes de 1986 sont quatre fois plus bacheliers que leurs parents, quinze fois plus que leurs grands-parents et trente fois plus que leurs arrière-grands-parents.

80 % de bacheliers en l'an 2000 ?

« 80 % de bacheliers en l'an 2000, tel est l'objectif pour la France. » Ce chiffre, souvent cité aujourd'hui par les hommes politiques, paraît difficile à atteindre dans un laps de temps aussi court. En effet, le nombre actuel de bacheliers représente 18,5 % de l'ensemble de la population, 29,5 % des effectifs d'une génération en âge de passer le baccalauréat. Les reçus, eux-mêmes, n'excèdent pas 70 % du nombre de candidats présentés : 70 % pour le baccalauréat général, 65 % pour le baccalauréat de technicien, 75 % pour le baccalauréat professionnel nouvellement créé.

Dans un monde où l'insertion professionnelle est d'autant plus difficile que le niveau d'instruction est faible, la France n'a pas le choix. L'un des remèdes aux problèmes de l'emploi passe par une augmentation du niveau de qualification des Français.

CADRE NATUREL
POPULATION
ORGANISATION
VIE ÉCONOMIQUE
COMMUNICATION
FRANCE ET MONDE

La France militaire

Les dépenses militaires de la France représentent 16 % du budget de l'État.
Un million de Français travaillent aux activités de défense dont 300 000 dans l'industrie d'armement. 250 000 à 220 000 jeunes sont appelés, chaque année, pour effectuer un service militaire.

Les effectifs militaires

Section commune · Terre · Air · Gendarmerie · Marine

311 571 professionnels
246 322 appelés
141 853 civils

	Section commune	Terre	Air	Gendarmerie	Marine
Active	11 452	113 858	59 524	76 961	49 776
Civil	85 720	41 590	5 889	960	7 694
Appelés	2 106	182 622	36 454	8 571	16 569
Total	99 278	338 070	101 867	86 492	74 039

Le budget de la défense (en %, année 1987)

| 20 % | 21,3 | 19,3 | 11,8 | 12,2 | 7,8 | 11,9 | 15,7 |
| Forces nucléaires | Forces terrestres | Forces aériennes | Forces maritimes | Gendarmerie | Recherches formation | Administration générale |

Dépenses: de fonctionnement 49,3 %   d'équipement 50,7 %

Forces nucléaires et forces conventionnelles

Les forces nucléaires représentent 38 000 hommes (5,5 % des effectifs) dont près de 10 000 civils et plus de 11 000 appelés. Elles sont des forces de dissuasion. Elles visent à décourager un éventuel agresseur en lui faisant craindre, au cœur même de son territoire, des dommages d'une telle ampleur que cela le dissuade d'attaquer. Les 6 sous-marins nucléaires lanceurs d'engins, quasiment intouchables au fond des océans, jouent un rôle fondamental dans la menace de riposte.

Les forces conventionnelles terrestres, aériennes ou maritimes sont chargées de la détection d'une éventuelle agression et de la défense de l'intégrité du territoire.

LE SERVICE NATIONAL ACTIF

Depuis quand?

La loi Jourdan de 1798 a établi le principe de la conscription, c'est-à-dire l'obligation d'effectuer un service militaire.

La loi du 21 mars 1905 a rendu le service militaire obligatoire pour tous les hommes.

Pour quelle durée?

Pays	Terre	Mer	Air
Chine	3 ans	5 ans	4 ans
Egypte	3 ans	3 ans	3 ans
Israël	3 ans	3 ans	3 ans
URSS	2 ans	3 ans	2 ans
Grèce	2 ans	2 ans	2 ans
Espagne	18 m	18 m	18 m
RDA	18 m	18 m	18 m
RFA	15 m	15 m	15 m
Belgique	10 m	10 m	10 m
France	12 m	12 m	12 m
USA G.-Bretagne Canada	armées de volontaires		

Appelés, exemptés et dispensés

Le réservoir annuel moyen est de l'ordre de 400 000 hommes, desquels il faut déduire les engagés.

75 % seulement des jeunes sont appelés au service militaire.

18 à 20 % d'entre eux sont exemptés pour des raisons médicales.

5 à 6 % d'entre eux sont dispensés à titre de compensation (pupille de la nation) pour des raisons administratives (double nationalité, résident à l'étranger), pour des raisons sociales (soutien de famille).

0,5 % d'entre eux sont objecteurs de conscience. Opposés à l'usage des armes, pour des raisons de conscience, ils effectuent, après reconnaissance de leur statut, un service civil de 24 mois.

Dans quels lieux?

Un plan visant à rapprocher les appelés de leur domicile a été mis en place en 1986. Il est appliqué lorsqu'aucune exigence militaire ne s'y oppose... Mais le centre démographique de la France se situe entre Bourges et Orléans alors que le centre du dispositif militaire se situe près de Nancy soit 350 km plus à l'est.

Répartition théorique du contingent

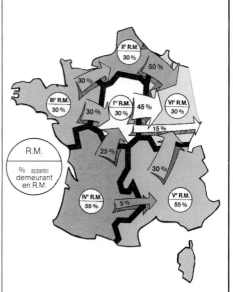

10 à 15 % d'appelés par régions sont affectés hors plan dans l'aviation, la marine, les services de santé.

Parfois subi comme une contrainte, le service militaire associe tous les citoyens à la défense nationale et évite la création d'une armée de métier, coupée de la Nation. Il permet à la France de se doter, à moindre coût, de l'armée dont elle a besoin.

CADRE NATUREL
POPULATION
ORGANISATION
VIE ÉCONOMIQUE
COMMUNICATION
FRANCE ET MONDE

La France policière

120 000 policiers dont 63 000 en tenue, 89 900 gendarmes dont 10 000 gendarmes auxiliaires du contingent font respecter la loi et assurent la sécurité des Français.
Les services de police et de gendarmerie ont comptabilisé, en 1986, 3 300 000 crimes et délits. La population française éprouve un sentiment d'insécurité alors qu'après la forte croissance de 1972 à 1982 (+ 10 % chaque année), la criminalité globale s'est ralenti de 1982 à 1985 et qu'elle baisse même depuis : − 3 % en 1985, − 8 % en 1986.

La police et la gendarmerie

La police nationale est organisée en cinq services : la sécurité publique, elle-même divisée en police urbaine et en compagnies républicaines de sécurité ; la police judiciaire ; les renseignements généraux ; la surveillance du territoire ; la police de l'air et des frontières.

La gendarmerie est une force militaire organisée en 278 brigades. Elle effectue, pour le tiers de ses activités, des tâches de police judiciaire, notamment dans les campagnes. 17 000 gendarmes sont officiers de police judiciaire.

La criminalité constatée

Répartition de la criminalité par grandes catégories de crimes et délits (en pourcentages)

trafic de stupéfiants, fausse monnaie 1 %

crimes crapuleux (263 morts) **0,01 %**

comportement illicite nuisible à autrui **9 %**
(coups et blessures, meurtres passionnels : 1928 affaires)

délits non spécifiés **4 %**

comportement illicite nuisible à soi-même **1 %**
(toxicomanie : 172 morts, suicides : 9 810 morts)

infractions astucieuses **20 %**
(chèques sans provision. détournement de fonds)

vols de force **14 %**
(vols à main armée. cambriolages : 648 cambriolages par jour)

CRIMES MOTIVÉS PAR LE PROFIT ET DÉLIT

vols sans violences **50 %**
(vol à l'étalage, vol d'automobiles)

Insee 1987

La criminalité élucidée

1 500 000 crimes et délits, soit 40 % du total, sont élucidés chaque année. Mais les succès sont inégaux. Les infractions astucieuses sont résolues à 95 % alors que seuls 14 % des auteurs de cambriolages sont identifiés et arrêtés. Et si 80 % des voitures volées sont retrouvées, 8 % seulement des auteurs de ces vols se font prendre.

LA DÉLINQUANCE

Exemple de calcul de l'indice de gravité
Vols à main armée ...   35×100= 3 500
Cambriolages ....   324×10 = 3 240

Vols d'automobiles ...   1 664×1 = 1 664
Chèques sans provision 34 728×1 =34 728
Soit un total de 43 132

**La criminalité globale constatée par les services de police et de gendarmerie
(selon l'indice de gravité)**

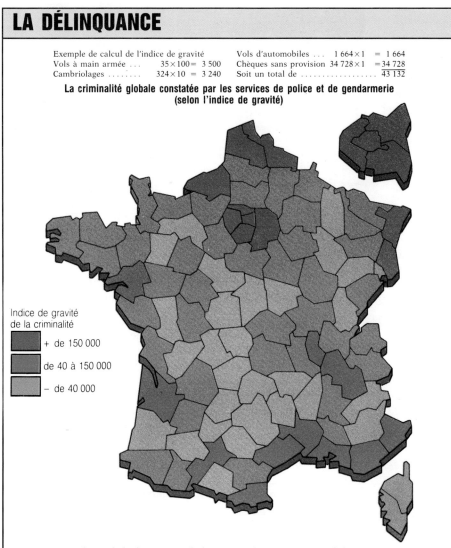

Indice de gravité
de la criminalité

+ de 150 000

de 40 à 150 000

− de 40 000

La criminalité globale comptabilise tous les crimes et délits commis en une année. L'indice de gravité prend en compte l'importance réelle des faits constatés en leur attribuant un coefficient : 1 pour la petite délinquance,10 pour la moyenne criminalité, 100 pour la grande criminalité.

La carte ci-dessus, en combinant la quantité des faits et leur gravité, donne une mesure de la criminalité globale conforme à la réalité.

La criminalité est plus forte en milieu urbain qu'en milieu rural.

Les départements les plus touchés sont, dans l'ordre, Paris, suivi par les Bouches-du-Rhône, le Nord, les Alpes-Maritimes et la Seine-Saint-Denis.

Les départements les moins touchés sont dans l'ordre la Lozère, suivie de la Creuse, du Cantal, de l'Ariège et du Gers.

CADRE NATUREL
POPULATION
ORGANISATION
VIE ÉCONOMIQUE
COMMUNICATION
FRANCE ET MONDE

La France judiciaire

6 400 juges rendent la justice, au nom du peuple français, et traitent, chaque année, plus de 4 millions et demi d'affaires qui se répartissent, à peu près équitablement, entre juridictions civiles et pénales. Plus d'un million et demi de condamnations pénales sont constituées par des contraventions non inscrites au casier judiciaire. Et encore ces chiffres ne prennent-ils pas en compte les 6 550 000 contraventions à l'amende fixe et préétablie.
Pour 1 000 condamnés majeurs, 360 le sont à des peines privatives de libertés. 42 617 détenus occupaient en janvier 1986 les 33 000 places des prisons françaises.

Un an d'activité de la justice

Nombre d'affaires traitées	Affaires entre particuliers (justice civile)
376 531	Litiges simples portant sur un loyer, un non-paiement de pension alimentaire, une somme inférieure à 30 000 F.
361 742	Litiges plus graves relatifs à un divorce, une succession, un contrat de mariage, une somme supérieure à 30 000 F.
242 622	Conflits entre commerçants relatifs à un acte commercial.
137 015	Conflits entre employeur et salarié sur un contrat de travail.
	Infractions au code pénal (justice pénale)
1 823 427	Contraventions : ce sont les infractions les moins graves qui exposent jusqu'à 6 000 F d'amende et 2 mois de prison.
473 290	Délits : ces infractions (vols, escroqueries...) peuvent exposer jusqu'à 20 ans de prison.
2 258	Crimes : ces infractions (hold-up, viols, meurtres) peuvent exposer à la prison à perpétuité.
137 365	**Appel après un premier jugement.**
18 651	**Pourvois en cassation.**

Un an de condamnation

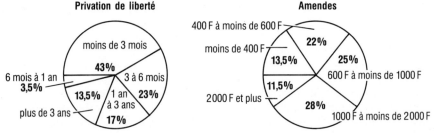

Privation de liberté

moins de 3 mois 43%
3 à 6 mois 23%
1 an à 3 ans 17%
6 mois à 1 an 3,5%
13,5%
plus de 3 ans

Amendes

400 F à moins de 600 F
moins de 400 F 13,5%
22%
25% 600 F à moins de 1000 F
11,5%
2000 F et plus
28%
1000 F à moins de 2000 F

56 % des peines d'emprisonnement sont accompagnées d'un sursis total.

5 % des amendes seulement sont accompagnées d'un sursis.

LE MONDE DES PRISONS

Maison d'arrêt ou centrale ?

Le mot prison recouvre des réalités différentes. L'administration pénitentiaire distingue :

— les maisons pour peines : maisons centrales (12) et centres de détention (32) qui reçoivent les condamnés à une peine de plus d'un an.

— les maisons d'arrêt (142) qui reçoivent les condamnés à une peine inférieure à un an et les prévenus.

Le personnel des prisons

L'administration pénitentiaire emploie 17 250 fonctionnaires parmi lesquels 14 126 surveillants, 711 éducateurs, 522 assistants sociaux, 163 infirmiers et 235 directeurs et sous-directeurs.

La population carcérale

50,4 % de DÉTENUS condamnés à la privation de liberté

49,6 % de PRÉVENUS en détention provisoire en attendant leur procès

La population carcérale connaît une forte surreprésentation des hommes, des jeunes, des célibataires et des étrangers.

Sur une année, les femmes ne représentent qu'un peu plus de 5 % de ceux qui rentrent en prison. 50 % des incarcérés ont moins de 25 ans, 70 % moins de 30 ans. Les 3/4 sont célibataires. La proportion d'étrangers est de 26,5 % ; plus de la moitié d'entre eux viennent du Maghreb.

Le niveau d'instruction est faible : 26 % seulement ont fait des études secondaires, 12 % sont illettrés.

Les motifs d'incarcération

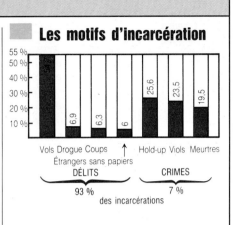

Vols	Drogue	Coups		Hold-up	Viols	Meurtres
		Étrangers sans papiers				
	DÉLITS				CRIMES	

93 %   7 %
des incarcérations

Le travail en prison

37 % des détenus disposaient en février 1986 d'un emploi en prison. 73 % des détenus dans les maisons pour peines travaillent, 30 % seulement dans les maisons d'arrêt.

Le travail va de la production industrielle en atelier, sous le contrôle de la régie industrielle des établissements pénitentiaires, au travail en cellules pour une entreprise sous contrat.

Les salaires sont bas. Les détenus, peu qualifiés dans leur ensemble, sont peu autonomes au travail. La grande majorité d'entre eux essaient surtout d'échapper à 23 heures quotidiennes de cellule.

Le détenu dispose de 50 % de son salaire net. Le reste est prélevé pour participation aux frais, indemnisation des victimes et constitution d'un pécule de sortie.

> Plus que la surpopulation des prisons, 130 prisonniers pour 100 places, c'est le nombre très élevé de prévenus qui fait l'originalité du système carcéral français.
> (2e rang européen après l'Italie).

CADRE NATUREL
POPULATION
ORGANISATION
VIE ÉCONOMIQUE
COMMUNICATION
FRANCE ET MONDE

La France électorale

37 945 582 électeurs, tel était en juin 1988 le nombre de Français inscrits pour participer à l'élection des 577 députés de l'Assemblée Nationale. Au-delà des changements de majorité (législatives de 1986, présidentielles de 1988), il existe une permanence du comportement électoral. Au plan local, les partis politiques bénéficient parfois de véritables bastions départementaux dans lesquels les résultats laissent peu de place à la surprise.

La participation électorale

La participation électorale varie selon les scrutins et tourne autour de 80 %. En juin 1988, elle n'a toutefois pas dépassé 66 %. L'abstention, toujours plus forte en ville qu'en campagne, est le fait des moins de 35 ans et des personnes âgées, notamment les plus de 80 ans.

L'implantation géographique des partis

L'implantation géographique des partis présente aujourd'hui moins de contrastes qu'il y a 40 ans : l'utilisation de la radio et de la télévision lors des campagnes électorales a provoqué une uniformisation des attitudes. Ainsi s'explique l'homogénéité de l'implantation des partis de la gauche non communiste (PS + MRG) et de la droite classique (RPR + UDF). Ces deux courants de pensée, s'ils ont de fortes positions locales, des bastions, ne connaissent plus l'existence de « terres de mission » où ils seraient totalement absents. Il n'en est pas de même pour le parti communiste et le Front National qui ont une implantation très irrégulière.

Les comportements électoraux

Les facteurs d'explication des comportements électoraux sont très variés et aucun ne semble déterminant à lui seul. Ils varient en plus en fonction du type de la consultation électorale et des conditions politiques dans lesquelles elle a lieu.

L'âge et le sexe de l'électeur ne semblent pas influencer de façon déterminante son vote. Il n'en est pas de même pour son niveau de ressources et son appartenance à une catégorie socioprofessionnelle. Les statistiques mettent en évidence que les catégories aux ressources élevées votent en majorité à droite, que les ouvriers, employés et cadres moyens votent majoritairement à gauche. Par ailleurs, une carte des régions de forte pratique religieuse révèle de grandes similitudes avec celles des votes à droite. Toutefois ces constatations souffrent de nombreuses exceptions et il faudrait prendre en compte des facteurs historiques plus complexes à apprécier.

IMPLANTATION ÉLECTORALE DES PARTIS

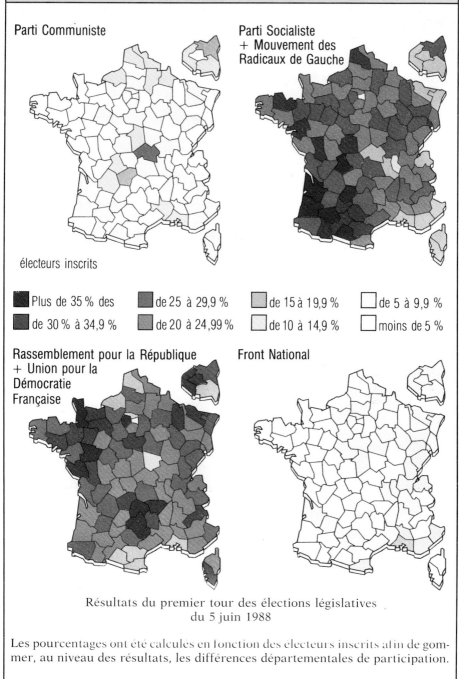

Parti Communiste

Parti Socialiste
+ Mouvement des
Radicaux de Gauche

électeurs inscrits

- ■ Plus de 35 % des
- ■ de 30 % à 34,9 %
- ■ de 25 à 29,9 %
- ■ de 20 à 24,99 %
- ■ de 15 à 19,9 %
- ☐ de 10 à 14,9 %
- ☐ de 5 à 9,9 %
- ☐ moins de 5 %

Rassemblement pour la République
+ Union pour la
Démocratie
Française

Front National

Résultats du premier tour des élections législatives
du 5 juin 1988

Les pourcentages ont été calculés en fonction des électeurs inscrits afin de gommer, au niveau des résultats, les différences départementales de participation.

CADRE NATUREL
POPULATION
ORGANISATION
VIE ÉCONOMIQUE
COMMUNICATION
FRANCE ET MONDE

La France médicale

403 milliards de francs, telle a été en 1986 la dépense de consommation médicale des Français, soit 7 260 francs par habitant. Avec 121 500 médecins, soit à peu près un médecin pour 450 habitants, la France se situe en Europe, après l'Italie (345) et la Belgique (371), au niveau de l'Allemagne fédérale (431), avant la Grande-Bretagne (711). Au total quelques 540 000 personnes exercent une fonction médicale et paramédicale. 3 372 établissements hospitaliers offrent près de 500 000 lits. Ces équipements de santé sont inégalement répartis sur l'ensemble du territoire.

Les effectifs des professions de santé

Professions de santé réglementées	
professions médicales	**professions para-médicales**
médecins 121 500	infirmier(e)s 280 745
pharmaciens 44 906	masseurs-kiné. 34 302
dentistes 34 082	orthophonistes 8 195
sages-femmes 8 955	pédicures 5 081

Les médecins spécialistes

Les médecins spécialistes représentent 33 % de l'effectif des médecins. Sur 100 spécialistes, il faut compter 11 chirurgiens, 9 radiologues, 9 anesthésistes, 8 gynécologues, 7 pédiatres, 7 ophtalmologistes et 6 psychiatres.

La répartition de la consommation médicale

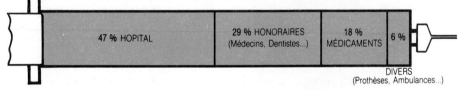

47 % HOPITAL   29 % HONORAIRES (Médecins, Dentistes...)   18 % MÉDICAMENTS   6 %

DIVERS
(Prothèses, Ambulances...)

La consommation médicale représente 14 % du budget d'un ménage. C'est le troisième poste budgétaire (voir page 43).

La surconsommation de médicaments

La surconsommation de médicaments est un fait national. Le Français est l'un des plus gros consommateurs de médicaments au monde, notamment de tranquillisants.

Chaque ordonnance compte en moyenne 3,5 lignes pour moins de 2 en Europe. Il est vrai qu'il existe en France plus de 4 500 médicaments, une pharmacie pour 2 500 habitants et 12 000 visiteurs médicaux, envoyés des laboratoires, qui présentent sans cesse de nouveaux médicaments aux médecins.

T.V.A. : 7 %
GROSSISTE : 7 %
PHARMACIEN : 30 %
LABORATOIRE : 56 %

Le prix d'un médicament

DE FORTES INÉGALITÉS RÉGIONALES

Nombre d'actes médicaux par médecin par département

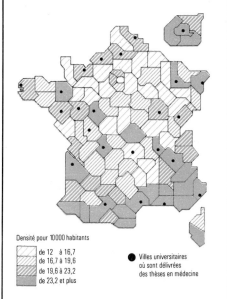

Indice 100 = France entière

▉ de 116 à 137	☐ de 89 à 98
▨ de 107 à 116	☐ de 55 à 89
▦ de 98 à 107	

Nombre de médecins par département pour 10 000 habitants

Densité pour 10000 habitants

de 12 à 16,7
de 16,7 à 19,6
de 19,6 à 23,2
de 23,2 et plus

● Villes universitaires
où sont délivrées
des thèses en médecine

Des inégalités d'équipement

L'offre de soins est plus importante au sud de la Loire. Dans la moitié nord du pays, la densité de médecins est forte en Ile-de-France et en Alsace.

Les écarts de densité sont forts et vont du simple au double. De façon générale, les régions qui possèdent le plus grand nombre de médecins ont aussi le plus grand nombre de pharmacies, de chirurgiens-dentistes et de lits d'hopitaux.

Les inégalités constatées sont certes liées à l'attrait du soleil ou de la capitale, mais aussi à l'implantation des facultés de médecine et au nombre de médecins formés par ces facultés dans un passé récent.

Des inégalités de consommation

La demande de soins par médecin est plus importante au nord de la Loire. Cela semble logique puisque les médecins y sont moins nombreux.

Si l'on admet qu'un médecin généraliste travaille en moyenne 5 jours par semaine, 40 semaines par an, soit 200 jours dans l'année, le médecin lillois voit 30 clients par jour, le médecin nancéen 29, le médecin marseillais 22 et le médecin parisien 21.

Les inégalités constatées sont aussi dues à une différence de nature des actes médicaux. Les populations du nord, plus jeunes, ont recours aux services de médecins généralistes. Les populations du midi, plus âgées, ont plus souvent recours aux services de médecins spécialistes.

CADRE NATUREL
POPULATION
ORGANISATION
VIE ÉCONOMIQUE
COMMUNICATION
FRANCE ET MONDE

La population active

La population active, c'est-à-dire l'ensemble de la population ayant un emploi ou en cherchant un, s'élève à 23 982 000 personnes. La population active occupée représente en France 42 % de la population totale, alors qu'elle atteint les taux de 44 % en République Fédérale Allemande, 48 % au Royaume-Uni et aux États-Unis, 49 % au Japon.
La répartition des actifs entre les 3 secteurs économiques (primaire, secondaire, tertiaire) est en constante évolution. Le poids des différents secteurs varie beaucoup d'une région à l'autre. Les salariés représentent plus de 84 % des 21 534 000 actifs occupés.

Évolution de la population active

Secteurs	1906	1936	1954	1962	1968	1975	1982	1985
Primaire	44,0	37,9	28	21	15,7	10,1	8,4	7,6
Secondaire	29,5	30,6	36,8	39,5	39,6	38,5	33,5	32
Tertiaire	26,5	31,5	35,2	39,5	44,7	51,4	58,1	60,4

Secteur primaire :   production de matières premières, agriculture, pêche.
Secteur secondaire :   industries de transformation, biens d'équipements et biens de constructions, bâtiment.
Secteur tertiaire :   services, commerce, transports, assurances, communication.

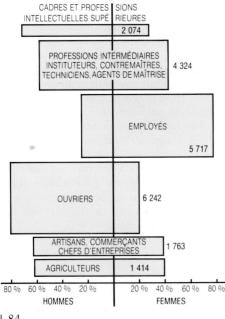

Répartition par catégorie socio-professionnelle
(effectifs en milliers)

L'augmentation du taux d'activité féminin est l'un des faits marquants des 20 dernières années.

9 073 000 femmes travaillent aujourd'hui. Cela représente 42 % des actifs occupés contre 34,9 % en 1968.

La répartition hommes/femmes est exprimée en pourcentage.

84

ORIENTATION ÉCONOMIQUE DES DÉPARTEMENTS

Répartition départementale de la population active par secteur d'activité

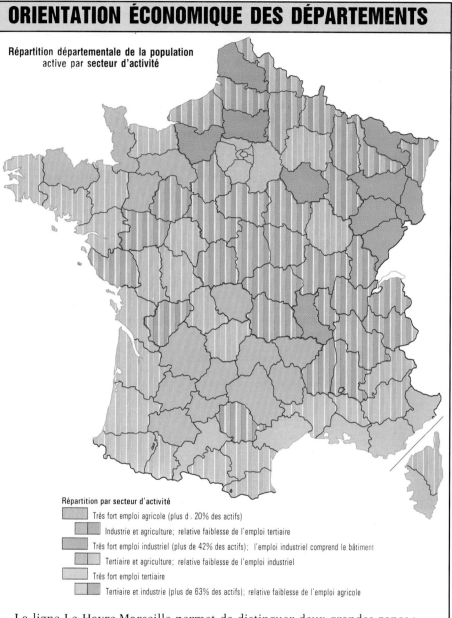

Répartition par secteur d'activité

- Très fort emploi agricole (plus d. 20% des actifs)
- Industrie et agriculture; relative faiblesse de l'emploi tertiaire
- Très fort emploi industriel (plus de 42% des actifs); l'emploi industriel comprend le bâtiment
- Tertiaire et agriculture; relative faiblesse de l'emploi industriel
- Très fort emploi tertiaire
- Tertiaire et industrie (plus de 63% des actifs); relative faiblesse de l'emploi agricole

La ligne Le Havre-Marseille permet de distinguer deux grandes zones :
— au sud de la ligne, des régions où la proportion d'agriculteurs est plus forte que la moyenne nationale.
— au nord de la ligne, des régions à fort emploi industriel.
La quasi-totalité du littoral méditerranéen et la région parisienne échappent à cette division en deux zones du territoire national. Ce sont des régions à emploi tertiaire dominant : plus de 7 emplois sur 10.

CADRE NATUREL
POPULATION
ORGANISATION
VIE ÉCONOMIQUE
COMMUNICATION
FRANCE ET MONDE

L'agriculture française

L'agriculture française, même si elle ne produit que 3,5 % du PNB national, occupe la première place au sein de la Communauté économique européenne.

La surface agricole utile (forêts non comprises) représente 57 % du territoire national. 1 414 000 actifs agricoles réalisent, sur 1 039 000 exploitations, une production d'un montant de plus de 250 milliards de francs dont 53 % de produits animaux et 47 % de produits végétaux.

La variété des sols, la diversité des évolutions locales, la demande des marchés urbains font de la France une mosaïque de petits pays agricoles.

Des paysans de moins en moins nombreux

Les paysans sont de moins en moins nombreux. Leur nombre a diminué de près de 55 % en 25 ans : 3 045 000 actifs agricoles en 1962, 1 414 000 aujourd'hui. La diminution continue au rythme de − 3 % par an. L'indemnité viagère de départ pour les plus de 60 ans et les gains de productivité expliquent en partie le phénomène.

S'ils sont moins nombreux, les paysans sont mieux formés. Chez les moins de 35 ans, 40 % ont un CAP ou un BEP (10 % chez les plus anciens), 18 % ont un brevet agricole ou un baccalauréat (4 % chez les plus anciens).

La taille des exploitations

La taille moyenne des exploitations a doublé depuis 1955 : elle est passée de 14 à 28 hectares. Mais cette moyenne masque une grande diversité :

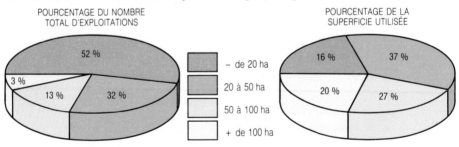

POURCENTAGE DU NOMBRE TOTAL D'EXPLOITATIONS

52 %
3 %
13 % 32 %

− de 20 ha
20 à 50 ha
50 à 100 ha
+ de 100 ha

POURCENTAGE DE LA SUPERFICIE UTILISÉE

16 % 37 %
20 % 27 %

Des techniques en mutation

La mutation des techniques agricoles a été telle en 25 ans que l'on peut aujourd'hui parler de véritable révolution des campagnes.

Le rendement a considérablement augmenté du fait de l'emploi massif d'engrais et du fait des travaux de l'Institut National de la Recherche Agronomique qui a mis au point, par hybridation, des espèces végétales ou animales mieux adaptées aux conditions climatiques locales (blé : 16 quintaux/hectare en 1950 ; 52 q./ha en 1980 ; 60 q./ha aujourd'hui).

La productivité a nettement progressé grâce à une motorisation et à une mécanisation poussées. Avec 1 528 000 tracteurs, la France est au premier rang européen et au quatrième rang mondial. Mais l'achat d'un matériel de plus en plus spécialisé a conduit les paysans à s'endetter très fortement auprès de leur banque, le Crédit agricole.

LES ACTIVITÉS AGRICOLES DOMINANTES

Carte départementale des activités agricoles dominantes

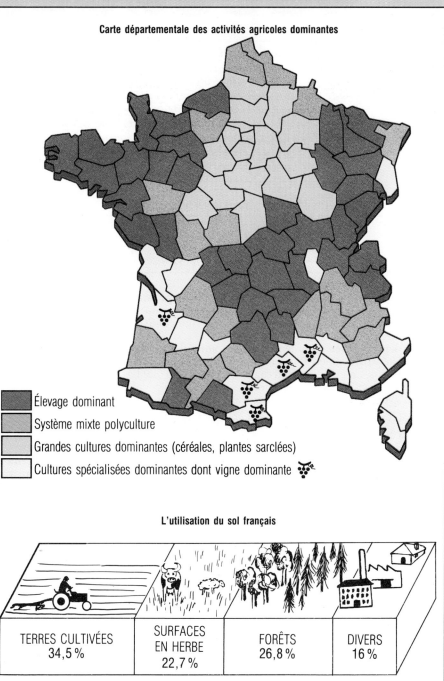

■ Élevage dominant

■ Système mixte polyculture

■ Grandes cultures dominantes (céréales, plantes sarclées)

□ Cultures spécialisées dominantes dont vigne dominante 🍇

L'utilisation du sol français

TERRES CULTIVÉES 34,5 %	SURFACES EN HERBE 22,7 %	FORÊTS 26,8 %	DIVERS 16 %

CADRE NATUREL
POPULATION
ORGANISATION
VIE ÉCONOMIQUE
COMMUNICATION
FRANCE ET MONDE

Productions végétales

Les productions végétales assurent 47 % du revenu agricole. Les labours couvrent 16 593 000 hectares soit le tiers du territoire national et un peu plus de la moitié de la surface agricole utile. La France se place au 5ᵉ rang mondial pour le blé, au 7ᵉ pour le sucre, au 8ᵉ pour le maïs et au 11ᵉ pour les pommes de terre. Elle occupe la première place européenne pour ses exportations de céréales et la balance commerciale des productions végétales dégage un excédent. Un secteur toutefois, celui des fruits et légumes, connaît un déficit : − 4,5 milliards en 1985, − 5,1 milliards en 1986.

Valeurs des productions végétales

| CÉRÉALES 37 % | CULTURES INDUSTRIELLES 13 % | FRUITS ET LÉGUMES 29 % | VIGNES 21 % |

Les céréales

Le blé (froment) est produit par 560 000 exploitants sur 4 900 000 ha. 50 % de la récolte proviennent des grandes exploitations du Bassin parisien et du nord de la France où il est assolé (cultivé en alternance) avec d'autres céréales et des plantes sarclées.

L'orge, utilisée comme nourriture animale, est cultivée sur 2 100 000 ha en Champagne-Ardenne, en Picardie et en Bourgogne.

Le maïs, en grain ou fourrager, couvre 1 700 000 ha, principalement dans le Midi aquitain et le Bassin parisien.

L'avoine, le riz (4 500 ha) en Camargue déclinent. Le seigle se maintient.

Les plantes sarclées et les plantes industrielles

La betterave à sucre occupe 540 000 ha sur les riches sols limoneux entre la Seine et la frontière belge.

La pomme de terre voit sa production diminuer en raison du changement de comportement alimentaire du Français. Elle est cultivée sur 204 000 ha principalement situés dans le Nord, en Picardie et en Bretagne.

Les cultures industrielles ont un rôle moindre. Le lin (45 000 ha) est récolté dans le Nord et en Normandie. Le tabac (15 000 ha) occupe 30 000 planteurs dans le Sud-Ouest, la basse Loire, le Dauphiné et l'Alsace. Les oléagineux progressent : le soja (48 000 ha) est introduit dans 84 départements ; le tournesol s'étend rapidement (100 000 ha) dans le Centre, l'est des Charentes, le Toulousain ; le colza (425 000 ha) est inclus dans les assolements céréaliers au sud et à l'est du Bassin parisien.

Les fruits et légumes

La culture des fruits et légumes, traditionnelle dans les ceintures maraîchères des villes, est aussi développée dans des régions aux hivers doux et aux printemps précoces : le Midi méditerranéen, la vallée du Rhône, le centre de l'Aquitaine, le Val de Loire et les côtes bretonnes. Ces cultures se répartissent en 276 000 ha de légumes de plein champ, 46 000 ha de cultures maraîchères, 215 000 ha de vergers, 30 000 ha de vignes à raisin de table.

RÉPARTITION DES PRODUCTIONS VÉGÉTALES

Les principales superficies

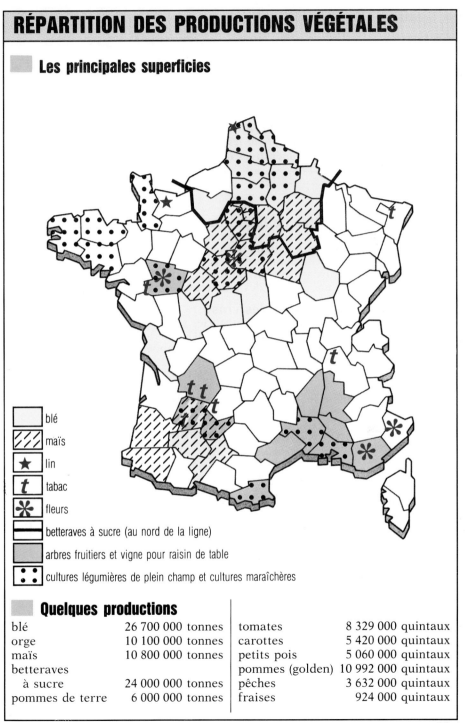

Légende :

- blé
- ////// maïs
- ★ lin
- *t* tabac
- ✳ fleurs
- ▬ betteraves à sucre (au nord de la ligne)
- ▒ arbres fruitiers et vigne pour raisin de table
- ⁙ cultures légumières de plein champ et cultures maraîchères

Quelques productions

blé	26 700 000 tonnes	tomates	8 329 000 quintaux
orge	10 100 000 tonnes	carottes	5 420 000 quintaux
maïs	10 800 000 tonnes	petits pois	5 060 000 quintaux
betteraves		pommes (golden)	10 992 000 quintaux
à sucre	24 000 000 tonnes	pêches	3 632 000 quintaux
pommes de terre	6 000 000 tonnes	fraises	924 000 quintaux

CADRE NATUREL
POPULATION
ORGANISATION
VIE ÉCONOMIQUE
COMMUNICATION
FRANCE ET MONDE

La vigne et le vin

Avec plus de 70 millions d'hectolitres les bonnes années (22 % de la production mondiale) la France se place au premier rang mondial devant l'Italie.
La vigne couvre 1 087 000 hectares, soit près de 4 % de la surface agricole utile. Elle est cultivée par 430 000 viticulteurs souvent regroupés, pour les vins de consommation courante, au sein de 1 200 coopératives de vinification et de commercialisation.

Les limites de la culture de la vigne

Les limites de la culture de la vigne se situent sur une ligne Vannes-Sedan qui correspond à peu près à la ligne isotherme des 18° de température moyenne en juillet. C'est qu'indépendamment d'un certain type de sol, la vigne réclame chaleur et luminosité. Elle exige pour la maturation du raisin, pendant sa période active de mars à novembre, une somme des températures minimales de 3 000 °.

Le classement des vins

Les vins sont classés en trois catégories selon leurs qualités :
— les vins d'Appellation d'Origine Contrôlée (AOC), garantis par l'Institut National des Appellations d'Origine qui vérifie pour chaque appellation le terroir d'origine, le rendement limité à l'hectare, la teneur en alcool ;
— les Vins Délimités de Qualité Supérieure (VDQS), vins produits dans une région limitée ;
— les vins de consommation courante, dits aussi vins de table, dont la faible teneur en alcool nécessite des coupages avec d'autres « vins médecins ».

La production et la consommation

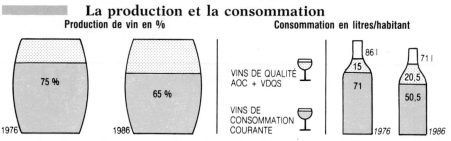

La chute de la consommation de vin de table est telle qu'elle représente, chaque mois, la production annuelle d'une coopérative viticole moyenne.

La commercialisation des vins

Les vins de qualité sont facilement commercialisés et en grande partie exportés. Le Champagne, le Bordeaux et le Bourgogne dominent ce marché haut de gamme et représentent 70 % des exportations de vins français.
Les vins de consommation courante connaissent une situation plus difficile. Les rendements de ces vignobles de masse, notamment en Bas-Languedoc sont en élévation constante alors que la consommation individuelle des Français diminue. Il y a une surproduction chronique qui est aggravée par la concurrence des vins italiens et qui va bientôt endurer l'arrivée des vins espagnols.

LES VIGNOBLES FRANÇAIS

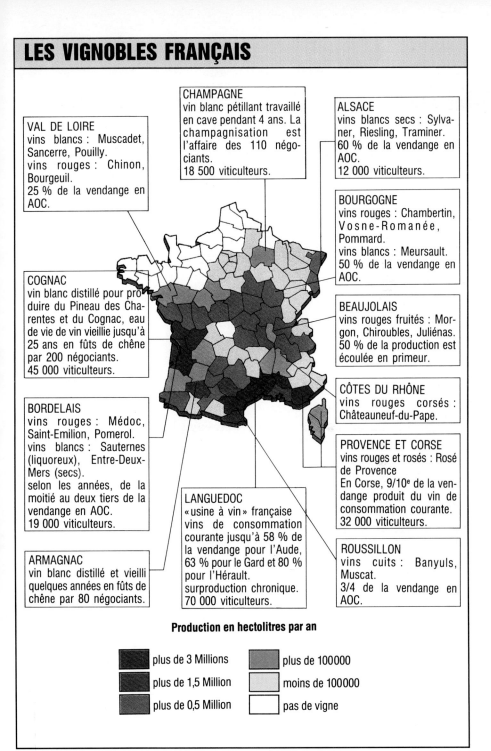

CHAMPAGNE
vin blanc pétillant travaillé en cave pendant 4 ans. La champagnisation est l'affaire des 110 négociants.
18 500 viticulteurs.

VAL DE LOIRE
vins blancs : Muscadet, Sancerre, Pouilly.
vins rouges : Chinon, Bourgeuil.
25 % de la vendange en AOC.

ALSACE
vins blancs secs : Sylvaner, Riesling, Traminer.
60 % de la vendange en AOC.
12 000 viticulteurs.

BOURGOGNE
vins rouges : Chambertin, Vosne-Romanée, Pommard.
vins blancs : Meursault.
50 % de la vendange en AOC.

COGNAC
vin blanc distillé pour produire du Pineau des Charentes et du Cognac, eau de vie de vin vieillie jusqu'à 25 ans en fûts de chêne par 200 négociants.
45 000 viticulteurs.

BEAUJOLAIS
vins rouges fruités : Morgon, Chiroubles, Juliénas.
50 % de la production est écoulée en primeur.

CÔTES DU RHÔNE
vins rouges corsés : Châteauneuf-du-Pape.

BORDELAIS
vins rouges : Médoc, Saint-Emilion, Pomerol.
vins blancs : Sauternes (liquoreux), Entre-Deux-Mers (secs).
selon les années, de la moitié au deux tiers de la vendange en AOC.
19 000 viticulteurs.

PROVENCE ET CORSE
vins rouges et rosés : Rosé de Provence
En Corse, 9/10e de la vendange produit du vin de consommation courante.
32 000 viticulteurs.

LANGUEDOC
«usine à vin» française vins de consommation courante jusqu'à 58 % de la vendange pour l'Aude, 63 % pour le Gard et 80 % pour l'Hérault.
surproduction chronique.
70 000 viticulteurs.

ARMAGNAC
vin blanc distillé et vieilli quelques années en fûts de chêne par 80 négociants.

ROUSSILLON
vins cuits : Banyuls, Muscat.
3/4 de la vendange en AOC.

Production en hectolitres par an

■ plus de 3 Millions	■ plus de 100000
■ plus de 1,5 Million	■ moins de 100000
■ plus de 0,5 Million	□ pas de vigne

CADRE NATUREL
POPULATION
ORGANISATION
VIE ÉCONOMIQUE
COMMUNICATION
FRANCE ET MONDE

L'élevage français

L'élevage assure 53 % du revenu agricole et occupe le même pourcentage de surface agricole utile, soit 16,5 millions d'hectares dont 11,5 Mha de prairies permanentes, 3,3 Mha de prairies artificielles et 1,7 Mha de cultures fourragères. Il est vrai que 190 000 exploitants élèvent des moutons, 318 000 des porcs, 735 000 des bovins et 884 000 des volailles.
Avec 5,5 millions de tonnes de viande produite annuellement, la France occupe le 4e rang mondial après les États-Unis, la Chine et l'URSS. La situation de l'élevage français reste pourtant vulnérable, notamment devant la concurrence de ses partenaires de la CEE.

Les transformations de l'élevage

L'élevage se transforme : il devient savant, intensif, industriel.

Au niveau de la reproduction, 80 centres d'insémination artificielle ont permis aux éleveurs de sélectionner les races les plus productives : 5 races seulement représentent aujourd'hui 95 % des bovins (60 % vers 1950).

L'alimentation a aussi connu de profondes transformations. L'herbe reste la nourriture de base des bovins, mais l'utilisation d'aliments composés a permis une industrialisation de l'élevage. Ces aliments, composés à base de céréales qui associent protéines (tourteaux de soja) vitamines et sels minéraux, accroissent les rendements en viande. On « fait » un poulet de 1,5 kg en 8 semaines contre 20 auparavant, on « fait » un taurillon de 250-300 kg en 18 mois contre 24 à 36 mois auparavant.

La prédominance de l'élevage bovin

L'élevage bovin est le premier d'Europe avec 23 millions de têtes dont moins de 10 millions de vaches laitières.

La production de lait, prépondérante dans l'ouest, est de 323 millions d'hectolitres, dont moins de 10 % sont consommés frais. Le reste est transformé, souvent dans des coopératives, en beurre (560 000 tonnes) ou en fromages (1 395 000 tonnes constituées par 350 fromages).

La production de viande, très importante en Pays de Loire, en Bourgogne et dans le Massif Central, atteint le chiffre annuel de 2 millions de tonnes. L'embouche, l'engraissement sur herbe dans le Charolais, contraste avec l'élevage en batterie de veaux alimentés en lait reconstitué.

Les élevages ovins et porcins

L'élevage ovin (12,5 millions de moutons) est orienté vers les productions de viande d'agneau et de lait de brebis pour le fromage de Roquefort.

L'élevage porcin (12 millions de têtes) devient industriel. La moitié des porcs sont élevés dans des exploitations comptant plus de 400 bêtes. Ils sont nourris d'aliments et de résidus de l'industrie laitière. La Bretagne et le Nord abritent les plus beaux troupeaux.

L'élevage de volailles

L'élevage de volailles compte 196 millions de têtes. A côté des produits de luxe du Sud-Ouest (oies et canard gras) et de la production fermière traditionnelle s'est développé un élevage industriel qui « fabrique » annuellement 65 % des poulets et 85 % des 11,5 millions d'œufs français.

L'ÉLEVAGE ET LES PRINCIPAUX FROMAGES

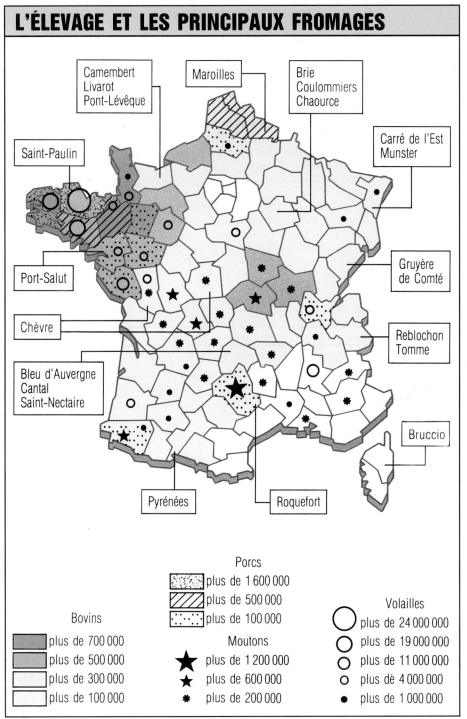

Camembert
Livarot
Pont-Lévêque

Maroilles

Brie
Coulommiers
Chaource

Carré de l'Est
Munster

Saint-Paulin

Gruyère
de Comté

Port-Salut

Reblochon
Tomme

Chèvre

Bleu d'Auvergne
Cantal
Saint-Nectaire

Bruccio

Pyrénées

Roquefort

Porcs
plus de 1 600 000
plus de 500 000
plus de 100 000

Volailles
plus de 24 000 000
plus de 19 000 000
plus de 11 000 000
plus dè 4 000 000
plus de 1 000 000

Bovins
plus de 700 000
plus de 500 000
plus de 300 000
plus de 100 000

Moutons
plus de 1 200 000
plus de 600 000
plus de 200 000

CADRE NATUREL
POPULATION
ORGANISATION
VIE ÉCONOMIQUE
COMMUNICATION
FRANCE ET MONDE

La pêche française

Avec 484 000 tonnes de poissons frais ou congelés et 210 000 tonnes de crustacés et coquillages débarquées par an, la France occupe le 19ᵉ rang mondial et le 4ᵉ rang de la CEE après le Danemark, l'Espagne et le Royaume-Uni.
La pêche française emploie 18 398 marins et conchyliculteurs (éleveurs de coquillages). La flotte de pêche compte 12 940 bateaux dont 370 seulement sont des navires industriels mesurant plus de 24 mètres de long.

Les règles de pêche de l'Europe bleue

Les règles de pêche de l'Europe bleue ont été définies en 1983. Tout pays riverain dispose d'une zone de pêche exclusive de 6 milles marins (11 km). De 6 à 200 milles marin (370 km), limite de la zone économique exclusive d'un état riverain (voir page 70), la pêche est communautaire. Par ailleurs, pour éviter l'épuisement des stocks de poisson, la commission de Bruxelles fixe chaque année des quotas de pêche, par espèces et par pays.

Les types de pêche

	Grande pêche	Pêche au large	Pêche côtière	Petite pêche
durée de la pêche	au moins 1 mois	de 72 h à 15 jours	moins de 72 h	durée de la marée
effectifs	521 marins	3 296 marins	2 067 marins	12 514 marins*
types de pêches	chalutiers-usines congelant thon et queues de langouste, transformant la morue en filet et en farine.	chalutiers tirant un chalut (filet) au fond ou entre deux eaux ; poissons stockés en cales réfrigérées.	à moins de 120 milles des côtes, pêche au filet, à la ligne, au casier (crustacés), à la drague (coquillage) pêche artisanale	

* conchyliculteurs compris

Une activité en crise

Les activités de pêches, tant artisanale qu'industrielle, ont été touchées par une crise aux multiples facteurs : épuisement des fonds marins les plus proches, coût élevé de modernisation des bateaux, augmentation du prix du fuel dont la part dans les frais d'exploitation est passée de 4 à 25 %, concurrence des navires-usines étrangers. La pêche artisanale a perdu en 30 ans les deux tiers de ses effectifs. La pêche industrielle a du mal à écouler sur le marché français lieus, merlus, merlans et cabillauds. La France comptait 85 conserveries en 1970, il en reste 31. En outre la balance commerciale des produits de la pêche est déficitaire à cause de l'importation de produits à haute valeur marchande : crustacés et saumons (déficit 1986 : − 4,6 milliards de francs).

La pêche en eau douce

Quelques 4 178 associations de pêcheurs à la ligne délivrent chaque année plus de 2,2 millions de permis de pêche. Avec 1 pêcheur pour 10 habitants, le Limousin et la Bourgogne viennent en tête des régions françaises.

LES PRINCIPAUX PORTS DE PÊCHE

Les ports de pêche français sont au nombre de 150. Les 9/10e des prises sont débarquées sur la façade atlantique. Boulogne-sur-Mer et la Bretagne en assurent les deux tiers.

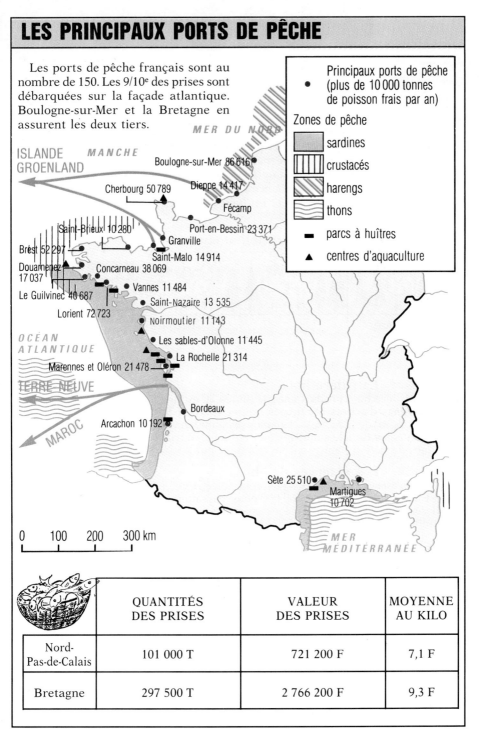

Principaux ports de pêche (plus de 10 000 tonnes de poisson frais par an)

Zones de pêche
- sardines
- crustacés
- harengs
- thons
- parcs à huîtres
- centres d'aquaculture

	QUANTITÉS DES PRISES	VALEUR DES PRISES	MOYENNE AU KILO
Nord-Pas-de-Calais	101 000 T	721 200 F	7,1 F
Bretagne	297 500 T	2 766 200 F	9,3 F

CADRE NATUREL
POPULATION
ORGANISATION
VIE ÉCONOMIQUE
COMMUNICATION
FRANCE ET MONDE

La forêt française

La forêt française couvre 15 millions d'hectares, plus du quart du territoire national, et représente la moitié de la forêt de la Communauté économique européenne. Elle a doublé de surface depuis un siècle et s'accroît chaque année de 38 000 hectares gagnés sur les terres abandonnées par l'agriculture.
L'exploitation des produits de la forêt, de l'abattage du bois à la fabrication de meubles, regroupe 80 000 affaires, 650 000 personnes. La production de bois ne couvre que les 2/3 des besoins français et la balance commerciale de la filière bois est fortement déficitaire : − 14 millions de francs en 1986.

Une forêt essentiellement privée

forêts domaniales (État) 10 %

forêts communales 15 %

forêts privées 75 %

La filière bois

La filière bois produit chaque année 30 millions de m³ de grumes, c'est-à-dire de troncs d'arbres ébranchés non équarris. 6 000 scieries débitent ensuite 9 millions de m³ de planches. 28 usines principalement situées dans les Landes, en Alsace, dans les Bouches-du-Rhône et en Seine-Maritime, produisent 1,8 millions de tonnes de pâte à papier qui ne couvrent que 45 % des besoins français.

Les réserves de chasse

Les réserves de chasse s'étendent sur 351 000 hectares, principalement en forêt. Elles sont gérées par 1 800 000 chasseurs dont le nombre diminue du fait du vieillissement de la population. La chasse représente un chiffre d'affaire annuel de 11,7 milliards de francs et 27 500 emplois.

Une forêt à vulnérabilité... limitée

La pollution atmosphérique fait dépérir la forêt française, notamment dans les Vosges. Les rejets des cheminées d'usine et des pots d'échappement des voitures retombent sur terre sous forme de pluies acides qui attaquent le feuillage et endommagent les racines.

Les parasites — champignons, insectes, virus — agressent les forêts avec d'autant plus de succès que, par l'exploitation de l'homme, elles sont devenues uniformes. La variété des espèces était le meilleur rempart contre la propagation rapide d'un parasite souvent particulier à un type d'arbre.

C'est en fait la conjonction des deux phénomènes qui rend vulnérable la forêt française. L'arbre, affaibli par une attaque chimique qui le prive de ses défenses naturelles, ne résiste pas à une seconde agression.

Pourtant, malgré la pollution, les parasites, les incendies (voir ci-contre), les superficies boisées sont en extension.

GRANDS MASSIFS FORESTIERS ET INCENDIES

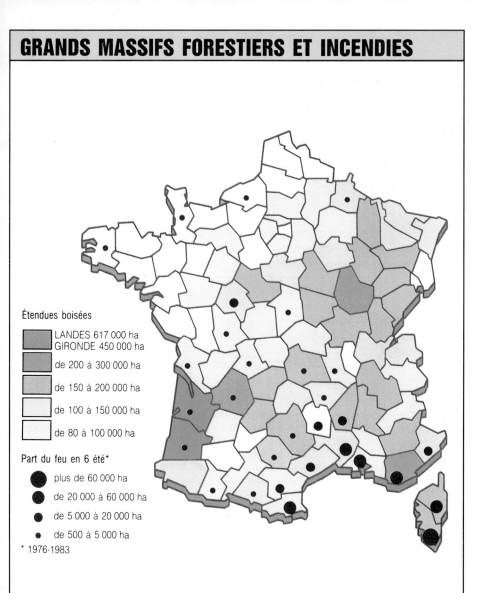

Étendues boisées

- LANDES 617 000 ha
  GIRONDE 450 000 ha
- de 200 à 300 000 ha
- de 150 à 200 000 ha
- de 100 à 150 000 ha
- de 80 à 100 000 ha

Part du feu en 6 été*

- plus de 60 000 ha
- de 20 000 à 60 000 ha
- de 5 000 à 20 000 ha
- de 500 à 5 000 ha

* 1976-1983

Des incendies dévastateurs

Les incendies peuvent dévaster, en une année, plus de 50 000 ha de forêt. Ce fut le cas en 1976, 1982, 1983 et 1985. Les foyers, autour de 5 000 chaque année, sont plus importants dans le Sud-Est qui totalise parfois jusqu'à 95 % des surfaces calcinées. Le système mis en place dans les Landes, bandes coupe-feu, tours de guet avec détection à infrarouge des sources de chaleur, ne peut exister dans le Sud-Est en raison d'un relief accidenté sur lequel souffle parfois le mistral.

CADRE NATUREL
POPULATION
ORGANISATION
VIE ÉCONOMIQUE
COMMUNICATION
FRANCE ET MONDE

L'énergie

La France consomme environ 200 millions de tonnes équivalent pétrole d'énergie primaire (charbon, pétrole, gaz naturel, électricité hydraulique et nucléaire). Elle produit près de la moitié de ses besoins.

Son taux d'indépendance énergétique a doublé depuis le choc pétrolier de 1973, passant de 23 % à 46 %, notamment grâce à la production d'électricité d'origine nucléaire.

Les variations d'énergies consommées
Part des énergies primaires consommées et taux d'indépendance

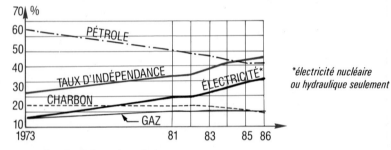

*électricité nucléaire ou hydraulique seulement

Le déclin du charbon

La production de charbon s'établit à 16 millions de tonnes environ pour une consommation de 40 Mt. Le charbon français vient de Lorraine (10 Mt), du Nord-Pas-de-Calais (1,7 Mt) et de bassins dispersés dans le Massif central et le Midi. Les coûts de production sont élevés à cause des veines trop profondes et faillées. Depuis 1978, les quantités importées sont supérieures aux quantités produites.

La prépondérance des hydrocarbures

La production française de pétrole (moins de 3 millions de tonnes) vient pour 45 % de Parentis (Landes), pour 53 % de la région parisienne. Elle ne couvre que 3,5 % de la consommation annuelle, qui, avec 86 Mt, représente 46 % de l'énergie consommée dans le pays. La consommation est constituée à 38 % de carburants pour les transports, à 27 % de fioul destiné au chauffage. Les principales raffineries se situent à l'embouchure des fleuves ou le long des oléoducs près des grands centres de consommation.

La production de gaz s'établit à environ 168 milliards de kilowattheures, pour une consommation de 374 milliards de kWh. Le grand gisement de Lacq (Pyrénées-Atlantiques) est en voie d'épuisement.

Les énergies nouvelles

Les énergies nouvelles, énergie solaire, géothermie (utilisation des sources chaudes), bio-énergie (production de carburant ou de gaz par fermentation de végétaux), énergie éolienne (utilisation de la force du vent) couvrent globalement 2 % des besoins énergétiques français.

LE NUCLÉAIRE

La production d'électricité s'établit environ à 330 milliards de Kilowatt-heures. Elle a doublé en 15 ans. La consommation s'élève à 293 milliards de kWh.

L'électricité est acheminée par 90 000 kilomètres de lignes à haute tension et par 1 200 000 km de lignes à basse tension.

■ Les trois façons de produire de l'électricité.

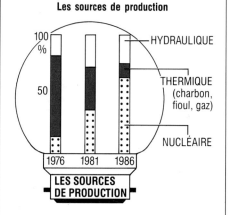

Les sources de production

LES SOURCES DE PRODUCTION

Les centrales hydrauliques utilisent la force de l'eau pour faire tourner des turbines qui entraînent un alternateur. Elles sont installées dans les zones montagneuses, notamment les Alpes.

Les centrales thermiques traditionnelles utilisent la chaleur dégagée par la combustion du charbon, du fioul ou du gaz. Les centrales nucléaires utilisent la chaleur dégagée par la fission de noyaux d'uranium dans un réacteur où l'on contrôle une réaction en chaîne.

■ Le choix du nucléaire.

Le choix du tout-nucléaire a été fait en mars 1974 au lendemain du choc pétrolier. La production d'origine nucléaire représente aujourd'hui les deux tiers de la production totale d'électricité. La France occupe le deuxième rang mondial après les États-Unis pour la puissance installée.

A l'horizon 2000 l'électricité nucléaire devancera le pétrole, prendra la première place dans la consommation d'énergie avec 39 % à 42 % du total.

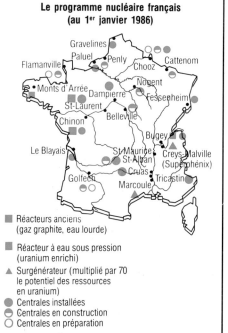

Le programme nucléaire français
(au 1er janvier 1986)

■ Réacteurs anciens
(gaz graphite, eau lourde)

■ Réacteur à eau sous pression
(uranium enrichi)

▲ Surgénérateur (multiplié par 70
le potentiel des ressources
en uranium)

● Centrales installées
◓ Centrales en construction
○ Centrales en préparation

58 % des Français souhaitent aujourd'hui l'arrêt de la construction de nouvelles centrales. En fait, depuis 1979, le programme nucléaire a connu un ralentissement parallèle aux baisses de prévision de la consommation d'énergie.

L'électricité d'origine nucléaire assure à la France son indépendance énergétique. Sa rentabilité ne peut être remise en cause que par un effondrement des cours du pétrole en dessous de dix dollars le baril.

CADRE NATUREL
POPULATION
ORGANISATION
VIE ÉCONOMIQUE
COMMUNICATION
FRANCE ET MONDE

Les entreprises

La France compte 2,4 millions d'entreprises employant plus de 6,5 millions de personnes dans l'industrie et plus de 13 millions de personnes dans le commerce et les services.
3000 entreprises font partie du secteur public : elles sont sous le contrôle de l'État ; elles emploient 1,9 million de personnes.
Quatre entreprises françaises se placent parmi les cinquante premières entreprises mondiales classées selon le chiffre d'affaires. Il s'agit de Renault, d'Elf Aquitaine, de Peugeot et de la Compagnie Française des Pétroles (Total).

La place du secteur public et nationalisé

La place du secteur public et nationalisé sous le contrôle de l'État est importante dans toute l'économie française. Dans l'industrie, le secteur public représente un emploi sur cinq, le tiers des investissements, le tiers des résultats obtenus à l'exportation.

Répartition des entreprises par tailles et par effectifs

Pourcentages d'établissements employant

Pourcentages de salariés travaillant dans des établissements employant

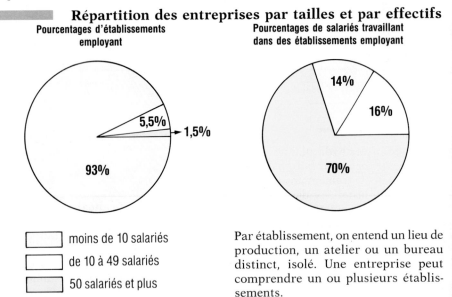

- moins de 10 salariés
- de 10 à 49 salariés
- 50 salariés et plus

Par établissement, on entend un lieu de production, un atelier ou un bureau distinct, isolé. Une entreprise peut comprendre un ou plusieurs établissements.

Vie et mort des entreprises

Un million des 2,4 millions d'entreprises françaises ont été fondées ou reprises dans les années 1980. En fait il meurt chaque année autant d'entreprises qu'il en naît, soit autour de 130 000 ces dernières années. Les entreprises qui disparaissent ont dans la quasi-totalité moins de cinquante salariés. Les entreprises qui se créent dépassent rarement le caractère artisanal. Elles sont nombreuses dans le bâtiment et le commerce. Mais une mauvaise appréciation du prix de revient les conduit souvent à une mort économique à court terme.

LE PALMARÈS DES GRANDES ENTREPRISES FRANÇAISES

Les 8 premières entreprises publiques

rang	chiffre d'affaires en millions de francs	effectifs
1 Électricité de France	133 850	124 346
2 Direction générale des télécommunications	90 740	163 000
3 Direction générale des postes	59 300	282 153
4 Gaz de France	49 810	28 809
5 Société Nationale des Chemins de fer Français	47 346	229 247
6 Commissariat à l'Energie Atomique	17 413	37 577
7 Régie Autonome des Transports Parisiens	13 725	39 586
8 Charbonnages de France	13 179	46 411

Les 8 premiers groupes industriels

rang	chiffre d'affaires en millions de francs	effectifs
1 Renault (automobile)	131 060	182 448
2 Elf-Aquitaine (pétrole)	119 727	76 100
3 Peugeot (automobile)	104 946	165 000
4 Compagnie française des pétroles (Total)	95 722	35 097
5 Compagnie Générale d'Electricité (matériel électrique)	90 902	149 010
6 Saint-Gobain (matériel d'emballage)	77 724	140 071
7 Usinor-Sacilor (sidérurgie)	72 282	102 000
8 Thomson (matériel électrique)	62 198	104 500

Les 8 premières entreprises commerciales

rang	chiffre d'affaires en millions de francs	effectifs
1 Leclerc (hypermarchés)	60 000	32 935
2 Carrefour (hypermarchés)	51 472	37 600
3 Casino (distribution)	32 153	39 371
4 Promodes (distribution)	32 085	27 884
5 Auchan (hypermarchés)	26 000	15 000
6 Unico (distribution)	22 000	17 900
7 Coop (distribution)	21 000	22 000
8 Sucres et denrées (import-export)	19 909	5 350

CADRE NATUREL
POPULATION
ORGANISATION
VIE ÉCONOMIQUE
COMMUNICATION
FRANCE ET MONDE

Des industries traditionnelles en crise

La sidérurgie française occupe le septième rang mondial, le textile le neuvième. L'industrie du bâtiment est, par ses effectifs, la première industrie de main-d'œuvre en France. Ce sont pourtant trois secteurs en crise où les emplois disparaissent. Le textile et la sidérurgie ont dû subir une double concurrence : celle de nouveaux pays producteurs qui n'achètent plus parce qu'ils fabriquent eux-mêmes à un prix plus bas, étant donné les faibles salaires versés à la main-d'œuvre ; celle des pays industrialisés qui ont su rester compétitifs en modernisant leurs processus de fabrication.

La sidérurgie en crise

La sidérurgie française emploie 68 000 personnes et compte 22 hauts fourneaux contre 158 000 personnes et 43 hauts fourneaux en 1974. Elle produit 14 millions de tonnes de fonte et 18 Mt d'acier. Elle est essentiellement localisée en Lorraine (31 % de la production ; 70 % en 1974) et dans le Nord (40 % de la production) où elle est devenue littorale : avec une capacité de 8 Mt, Usinor-Dunkerque est l'une des plus grosses usines d'Europe. Dans le Sud-Est, l'usine de Fos-sur-Mer (18 % de la production) ne tourne qu'au tiers de sa capacité.

Le textile en mutation

L'industrie textile emploie aujourd'hui un peu plus de 200 000 personnes contre 400 000 en 1968. Elle compte 2 500 entreprises dont les plus importantes sont Agache (chiffre d'affaires : 12 milliards de francs, 16 800 employés) et Prouvost (8,5 Mds F et 18 000 employés).

Cette industrie fournit 300 000 tonnes de filés à partir de fibres naturelles (2/3 coton, 1/3 laine) et 237 000 tonnes de fibres et fils d'origine chimique. Elle dépend fortement de l'étranger pour les matières premières : laine, coton, cellulose et pétrole. Elle a répondu à la crise par l'automatisation et l'utilisation du mélange de fibres.

La première région textile est le Nord avec le quart des effectifs et 82 % de la laine peignée. Le Nord-Est est tourné vers le travail du coton (40 % de la production). La région lyonnaise abrite la soierie mais aussi la moitié des usines de textiles chimiques.

Le bâtiment en mouvement

L'industrie du bâtiment emploie 1 221 000 personnes. Ses effectifs ont diminué de 20 % en dix ans. D'une part il ne faut plus aujourd'hui que 1 000 heures de travail pour faire une maison contre 2 000 heures il y a quinze ans. D'autre part le nombre de mises en chantier, après avoir dépassé 500 000 par an entre 1972 et 1975, est tombé à moins de 300 000 en 1986 (184 000 maisons individuelles et 111 000 unités de logements collectifs). Le secteur semble aujourd'hui redémarrer. En fait, les quelque 340 000 entreprises du bâtiment sont très sensibles à la conjoncture économique.

LE TEXTILE ET LA SIDÉRURGIE

Les principaux centres textiles et sidérurgiques

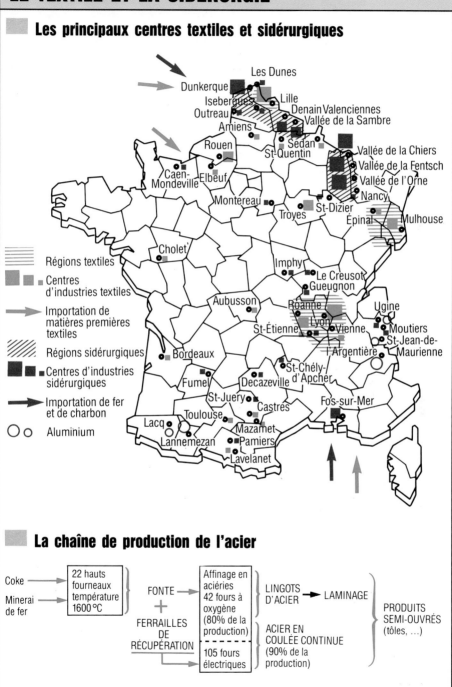

Régions textiles

Centres d'industries textiles

Importation de matières premières textiles

Régions sidérurgiques

Centres d'industries sidérurgiques

Importation de fer et de charbon

Aluminium

La chaîne de production de l'acier

Coke →	22 hauts fourneaux température 1600 °C	FONTE →	Affinage en aciéries 42 fours à oxygène (80% de la production)	LINGOTS D'ACIER → LAMINAGE	PRODUITS SEMI-OUVRÉS (tôles, …)
Minerai de fer →		+ FERRAILLES DE RÉCUPÉRATION	105 fours électriques	ACIER EN COULÉE CONTINUE (90% de la production)	

CADRE NATUREL
POPULATION
ORGANISATION
VIE ÉCONOMIQUE
COMMUNICATION
FRANCE ET MONDE

Les industries d'équipement

Les industries d'équipement sont variées et présentent des situations très différentes. Les fabrications d'électroménager doivent affronter une vive concurrence étrangère. Le secteur de la machine-outil stagne. Les chantiers navals subissent une grave récession tandis que l'industrie automobile réalise d'excellentes performances et occupe la quatrième place mondiale pour les voitures particulières. L'industrie chimique est elle aussi en expansion notamment dans le secteur pharmaceutique où elle se place au quatrième rang mondial.

Les biens d'équipement professionnels et ménagers

Les industries de biens d'équipement professionnel (matériel de levage, de manutention, machines-outils), employent environ 450 000 employés, au sein de 31 000 entreprises réparties essentiellement dans la région parisienne, la région lyonnaise et le Nord.

Les industries de biens d'équipement ménager produisent environ chaque année 1,3 millions de lave-linge, 3 M de fers à repasser, plus de 2 M d'aspirateurs, près de 2 M de TV (dont 75 % en couleur). Ces industries emploient 60 000 personnes réparties sur tout le territoire dans des entreprises dont les plus puissantes sont Thomson-Brandt, Seb et Moulinex.

L'industrie chimique

L'industrie chimique française produit environ 1 900 millions de m³ d'oxygène, 2 millions de tonnes de chlore, 6,7 Mt d'engrais composés, plus de 570 000 tonnes de caoutchouc et plus de 3 Mt de matières plastiques. Elle emploie 487 000 personnes dans 9 600 entreprises dont les plus puissantes ont pour nom Rhône-Poulenc, Michelin, CDF-Chimie et L'Oréal. Elle est essentiellement localisée dans la région parisienne avec 3 900 établissements et 40 % des effectifs, 60 % si l'on considère la seule industrie pharmaceutique. La région lyonnaise s'inscrit au second rang avec 600 établissements. Viennent ensuite le Nord et l'Est avec de la carbochimie, les embouchures des fleuves avec des installations de pétrochimie.

La construction navale

Livraisons de navires par les chantiers navals

en milliers de tonneaux   1 tonneau = 2,83 m³

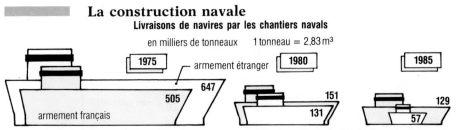

1975 — armement étranger   1980   1985

647   505   151   131   129   57

armement français

La construction navale occupe aujourd'hui moins de 30 000 personnes. La crise de l'énergie (moins de pétroliers) et la concurrence des chantiers navals nord coréens et japonais ont provoqué une chute brutale des commandes. Il ne subsiste de chantiers navals qu'à Saint-Nazaire et Nantes (Alsthom Atlantique), Dunkerque, La Ciotat et La Seyne (Les Chantiers de la Mer du Nord et de la Méditerranée).

L'INDUSTRIE AUTOMOBILE

Une industrie dynamique

L'industrie automobile française a produit, en 1986, 2,77 millions de voitures particulières et 420 000 véhicules utilitaires. Elle emploie directement 160 000 personnes. Avec les industries de sous-traitance situées en amont et avec les 65 000 garagistes, elle fait vivre un Français sur dix.

Une industrie décentralisée

Les principaux centres de production automobile.

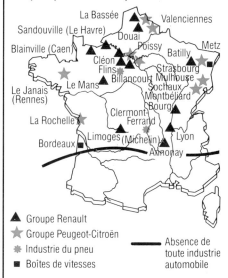

- ▲ Groupe Renault
- ★ Groupe Peugeot-Citroën
- ✳ Industrie du pneu
- ■ Boîtes de vitesses
- ▬ Absence de toute industrie automobile

La région parisienne abrite 18 usines sur 58 et 30 % des effectifs nationaux. Mais la volonté de décentraliser, de proposer une industrie de reconversion à des régions en crise, ont amené l'implantation d'usines automobiles dans les régions rurales de l'Ouest, dans le bassin minier du Nord.

Une industrie concentrée

L'industrie automobile française se concentre sur seulement deux groupes qui occupent les 7e et 8e rangs mondiaux.

Renault fabrique un peu plus de la moitié des véhicules et joue un grand rôle dans la production de véhicules utilitaires.

Peugeot S.A. (P.S.A.) s'est constitué à la suite du rachat de Citroën en 1974 et de Chrysler France en 1978. Les marques Peugeot et Citroën conservent cependant leur individualité.

Une industrie en mutation

1,55 millions de voitures particulières, soit 55 % de la production annuelle, sont exportées. Dans le même temps, sur 100 voitures nouvellement immatriculées en France, 35 sont d'origine étrangère. Pour faire face à la concurrence, les industries automobiles françaises ont dû augmenter leur productivité.

Renault : production d'un salarié en équivalent R5 (par an)

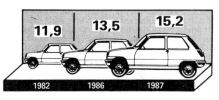

Les résultats ont été acquis par le recours à l'automatisation, une gestion plus rigoureuse des stocks et par des réductions massives d'effectifs : entre 1982 et 1986, − 21 % chez Citroën, − 23 % chez Peugeot, chez Renault.

> L'industrie automobile française est entrée dans une phase dynamique. Elle récolte le fruit de ses efforts de modernisation. Mais ses coûts de production restent supérieurs à ceux des concurrents étrangers.

CADRE NATUREL
POPULATION
ORGANISATION
VIE ÉCONOMIQUE
COMMUNICATION
FRANCE ET MONDE

Les industries de pointe

La France occupe le troisième rang mondial pour l'industrie aéronautique et pour l'industrie d'armement. Ce sont, avec l'électronique et l'informatique, des industries de pointe qui font appel à de hautes technologies.
L'électronique et l'aéronautique, les deux secteurs où la technologie évolue le plus vite, arrivent en tête pour les dépenses de recherche et de développement. Mais, dans son ensemble, le budget de la recherche industrielle apparaît en France en retard sur l'étranger.

L'industrie électronique et l'informatique
L'évolution du parc d'ordinateurs installés en France

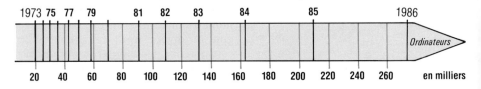

Les frontières entre l'électronique et ses applications dans l'informatique, la bureautique et la télématique sont souvent difficiles à établir tant ces industries sont imbriquées. Elles emploient plus de 500 000 personnes. Elles sont dispersées sur la totalité du territoire avec cependant une présence plus forte dans l'Ouest et le Midi. Elles sont dépendantes de l'étranger pour la fourniture de composants électroniques miniaturisés, les puces, importées des U.S.A. et du Japon.

L'électronique est dominée par la C.G.E. et Thomson (voir page 101, tableau 2). L'informatique est dominée par IBM-France et Bull.

L'industrie aéronautique

L'industrie aéronautique française, aujourd'hui associée à divers pays européens, remporte un succès avec les avions de la gamme Airbus et avec le programme de fusées Ariane au sein duquel la France joue un rôle de premier plan. L'industrie aéronautique, très fortement nationalisée, emploie 121 000 salariés. Elle est essentiellement localisée en région parisienne (40 % des effectifs, 80 % des fabrications moteurs) et dans le Sud-Ouest (25 % des effectifs) où la région toulousaine abrite la chaîne de montage des Airbus dans les ateliers de la SNIAS (ou Aérospatiale); la région bordelaise abrite pour sa part la société Dassault-Bréguet, plus axée sur les appareils militaires.

L'industrie d'armement

L'industrie d'armement est un secteur dynamique qui bénéficie de 38 % des dépenses publiques de recherche. Son chiffre d'affaires est mal connu en raison du secret entourant de nombreux contrats. Elle emploie 300 000 personnes dans des ateliers répartis sur l'ensemble du territoire français. La région parisienne regroupe cependant 35 % des effectifs. Les principaux arsenaux sont installés à Cherbourg, Brest, Lorient, Toulon, Roanne, Bourges et Tarbes.

LA RECHERCHE INDUSTRIELLE

Les 6 plus gros budgets français de recherche

Entreprises	Domaine d'activité	Budget 1986 en millions F	% chiffre d'affaires	Brevets déposés en 1986
Thomson	électronique	7 800	11,6	2 260
Aérospatiale	aéronautique	7 300	21,5	420
Cᵉ Générale d'Électricité	électronique communication	5 500	6,7	1 316
Snecma	aéronautique (moteurs)	3 555	23	278
Renault	automobiles	3 550	2,7	457
Rhône-Poulenc	chimie-pharmacie	2 950	5,5	2 758

Le retard français

La recherche française manque d'hommes : 32 000 chercheurs seulement sont employés dans les entreprises. Pour 1 000 travailleurs actifs, la France compte 3,7 chercheurs, la R.F.A. 4,7, les États-Unis 6,2 et le Japon 6,9.

La recherche française manque de fonds. Les entreprises privées lui ont consacré 51 milliards de francs en 1986, soit 43 % des dépenses nationales de recherche. Le budget global français ne dépasse pas 2,2 % du produit intérieur brut ; il atteint 2,8 % en R.F.A., au Japon et aux États-Unis.

L'ère des technopoles

Les principales technopoles (octobre 1987)

Villeneuve-d'Ascq
Brest
Marne-la-Vallée Metz
Strasbourg
Ile-de-France
Nancy
Rennes Angers
Mulhouse
Nantes Orléans
Poitiers
Lyon Annecy
St-Étienne Chambéry
Grenoble
Montpellier
Sophia-Antipolis (Nice)
Toulouse
Marseille

○ Technopoles naissantes
✳ Technopoles constituées

De Sophia Antipolis, née près de Nice dans un désert industriel en 1969, au Futuroscope dont l'installation s'achève près de Poitiers, la France compte 24 technopoles.

Ce sont des espaces où les autorités locales s'efforcent de favoriser les échanges recherche-industrie en réunissant les activités de recherche (laboratoires), les activités de formation (universités), les activités de production (entreprises). De la proximité et des contacts, facilités par l'existence de lieux de convivialité, doit naître une « fertilisation croisée » qui fera des technopoles les berceaux de l'industrie du futur.

Les technopoles veillent à la qualité de la vie par la création d'un environnement culturel et architectural susceptible d'attirer aussi les hommes. L'avenir dira si elles ont rempli le rôle pour lequel elles ont été créées.

C'est dans les centres de recherche et les laboratoires que se prépare aujourd'hui la compétitivité d'une économie. Malgré des initiatives récentes, les entreprises françaises sont nettement en retard sur leurs concurrentes étrangères pour l'effort de recherche.

CADRE NATUREL
POPULATION
ORGANISATION
VIE ÉCONOMIQUE
COMMUNICATION
FRANCE ET MONDE

Les industries agro-alimentaires

L'industrie agro-alimentaire française occupe le troisième rang mondial. Elle emploie quelque 585 000 personnes dont 495 000 salariés. Cela en fait la seconde industrie de main-d'œuvre après le bâtiment. Elle traite les deux tiers de la production agricole nationale.

L'industrie agro-alimentaire réalise un chiffre d'affaires de 520 milliards de francs et dégage un excédent commercial à l'exportation de 7,9 milliards de francs.

Les industries agricoles

Les industries agricoles travaillent des produits bruts : les minoteries transforment le blé en farine, les féculeries traitent la pomme de terre, les sucreries la betterave à sucre.

2 700 moulins produisent chaque année 55 millions de quintaux de farine. 25 Mq sont utilisés par les 43 600 boulangeries françaises.

La quasi-totalité des sucreries qui travaillent la betterave sont installées au nord de la Seine : le transport de la betterave représente 20 % des frais de fabrication du sucre. Les usines sont donc implantées au cœur des régions de production.

Les industries alimentaires

Les industries laitières réalisent plus du quart du chiffre d'affaires de l'agro-alimentaire, les industries de transformation de la viande un peu moins du cinquième. Elles sont principalement installées dans l'ouest du pays.

Les conserveries sont dispersées sur l'ensemble du territoire. 1,1 million de tonnes de légumes sont mis en conserve chaque année, essentiellement en Picardie (50 %) et en Bretagne (20 %). 280 000 t de fruits alimentent des conserveries avant tout installées dans le Midi. 120 000 t de poissons sont traitées dans des conserveries concentrées sur le littoral atlantique, particulièrement de Douarnenez aux Sables-d'Olonne.

Les autres industries alimentaires, biscuiteries, plats cuisinés, sont implantées près des grandes agglomérations où elles trouvent à la fois la main d'œuvre et le marché de consommation.

Forces et faiblesses de l'agro-alimentaire

La force des industries agro-alimentaires repose sur la demande en augmentation constante de produits prêts à consommer. 28 % des Français achètent déjà plats cuisinés et potages instantanés, en raison du changement des modes de vie, de la croissance des activités féminines.

La faiblesse des industries agro-alimentaires provient du coût élevé des produits agricoles au sein de la CEE, de l'émiettement et du caractère trop souvent uniquement hexagonal des entreprises : 60 % d'entre elles ne travaillent que pour le marché français et sont menacées de prises de participations étrangères.

L'IMPLANTATION GÉOGRAPHIQUE

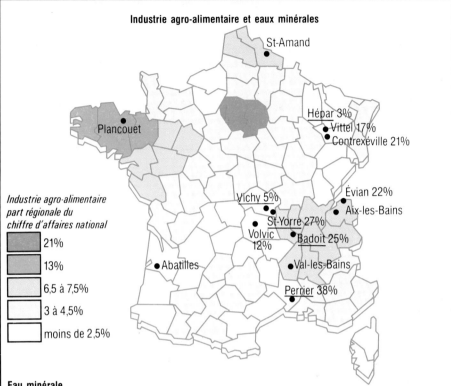

Industrie agro-alimentaire et eaux minérales

Industrie agro-alimentaire part régionale du chiffre d'affaires national

- 21%
- 13%
- 6,5 à 7,5%
- 3 à 4,5%
- moins de 2,5%

St-Amand

Plancouet

Hépar 3%
Vittel 17%
Contrexéville 21%

Vichy 5%
St-Yorre 27%
Volvic 12%
Badoit 25%

Évian 22%
Aix-les-Bains

Abatilles

Val-les-Bains

Perrier 38%

Eau minérale

VOLVIC eau minérale plate
PERRIER eau minérale gazeuse
22 % part respective du marché.

La France compte quelque 1 200 sources d'eau minérale reconnues. Le Français consomme en moyenne 55 litres d'eau minérale par an. Un hypermarché vend en moyenne 132 000 litres d'eau minérale chaque mois (10,5 % du chiffre d'affaires tous produits).

Les 7 plus grands groupes français

		chiffre d'affaires en millions de F	effectifs
BSN	alimentation	33 623	42 780
SODIMA (Yoplait)	produits laitiers	14 603	9 474
SOCOPA	alimentation	13 300	4 821
PERRIER	boissons	11 936	12 000
BEGHIN SAY	sucre (et papier)	10 931	9 070
UNION LAITIÈRE NORMANDE	produits laitiers	10 027	5 900
PERNOD RICARD	boissons	10 016	10 123

CADRE NATUREL
POPULATION
ORGANISATION
VIE ÉCONOMIQUE
COMMUNICATION
FRANCE ET MONDE

Le secteur tertiaire

Le secteur tertiaire occupe une place prépondérante en France avec 61 % de la population active, soit plus de 13 millions de personnes. C'est un secteur complexe en raison des multiples activités qu'il recouvre : transports, commerces...
Sur 10 entreprises qui naissent aujourd'hui, 8 ont une activité principale de service. Les emplois tertiaires commencent cependant à être concernés par l'automatisation et les gains de productivité.

Le secteur tertiaire en chiffres
Répartition des emplois (en %)

%	
10%	Transports Télécom
5%	Banques et assurances
8%	Services aux entreprises
8%	Cafés-Hôtels-Restaurants + Réparation auto
16%	Services aux ménages
20%	Commerces
33%	Services non marchands

Services marchands (regroupe les 6 premières lignes)

La localisation des activités tertiaires (1)

Les effectifs tertiaires les plus nombreux se situent en Ile-de-France (27 % des emplois nationaux), en région Rhône-Alpes (10 %) et en région Provence-Alpes-Côte d'Azur (8 %).

Si l'on envisage la répartition par secteur d'activité dans chaque région, quatre d'entre elles dépassent la moyenne nationale : la région Ile-de-France qui culmine avec 71 % d'emplois tertiaires, les régions Provence-Alpes-Côte d'Azur 70,7 %, Languedoc-Roussillon 64,9 %, et la Corse 67,4 %. De tels taux s'expliquent en région parisienne par la concentration des pouvoirs politiques, administratifs, économiques et financiers ; dans le Sud-Est par la multiplicité des activités de loisirs.

La répartition des services marchands

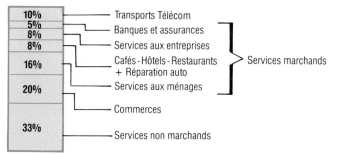

7% Garage — 19% CAFÉ HÔTEL Restaurant Traiteur — 33% CONSEILS ET ASSISTANCES AUX ENTREPRISES : Immobilier d'entreprises, Travaux d'architecture, d'informatique, conseils juridiques, Services comptables, Publicité, Gardiennage, Travail intérimaire. — 32,5% SERVICES AUX PARTICULIERS : Santé, Médecine, Hôpitaux, Blanchisserie, Coiffure, Cinéma, Radio, T.V. — 7% A louer — 1,5%

(1) Voir carte p. 85.

LE COMMERCE

Le commerce comptait en 1986 128 512 magasins de gros et 561 000 magasins de détail. Il employait 2 632 000 personnes dont 80 % de salariés.

A la différence des autres branches du tertiaire, les effectifs sont stagnants depuis 1980.

Les lieux d'achat des ménages

Pour l'alimentation

44%
Hypers et supermarchés

56%
Superettes et petits commerces

Produits non alimentaires

15,5%
Hypers et supermarchés

84,5%
Magasins spécialisés

Les grandes surfaces

Les Français disposent en moyenne de 160 m² de grande surface pour 1 000 habitants. Les différences entre les régions n'atteignent pas 20 % par rapport à cette moyenne. Seules la Creuse et la Lozère, très faiblement peuplées, sont encore dépourvues d'hypermarchés.

Les hypermarchés présentent une surface de vente supérieure à 2 500 m². La France en compte 639 qui s'étendent sur 3,5 millions de m² et réalisent un chiffre d'affaires moyen de 57 178 F/m².

Les supermarchés présentent une surface de vente comprise entre 400 et 2 500 m². La France en compte 6 218 qui s'étendent sur 5,7 millions de m² et réalisent un chiffre d'affaires de 37 126 F/m².

Petits commerces contre grandes surfaces

L'année 1987 a vu la création d'une vingtaine d'hypermarchés et la transformation en hyper d'une quarantaine de supermarchés. Dans le même temps, les supérettes et les magasins dits de proximité ont enregistré un nouveau recul de 3 %.

Face aux prix pratiqués, le consommateur a le dernier mot. Grâce à leur puissance d'achat, les groupes d'hypermarchés obtiennent des rabais de la part des fournisseurs. La marge moyenne prise par un hypermarché se situe autour de 13 % pour les produits alimentaires et de 16 % pour les autres produits. Elle est respectivement de 20 % et 30 % pour l'ensemble des commerces de France.

La loi Royer de 1973 protège le petit commerce en soumettant à une commission départementale l'ouverture de tout magasin de plus de 1 000 m².

Petits commerces et grandes surfaces : les centres commerciaux

Les centres commerciaux rassemblent autour d'une grande surface qui joue le rôle de locomotive des magasins de détail et différents services : coiffeurs, pressings, restaurants... La France en compte 558 comprenant 16 000 boutiques. Situés près des axes de communication, ils concurrencent les centre-villes traditionnels.

Source de vie et d'animation, le commerce a profondément changé en 20 ans avec l'apparition, à la périphérie des villes, d'hypermarchés et de centres commerciaux.

CADRE NATUREL
POPULATION
ORGANISATION
VIE ÉCONOMIQUE
COMMUNICATION
FRANCE ET MONDE

Le tourisme

32 millions de Français (58 % de la population) partent en vacances. C'est-à-dire qu'ils passent au moins quatre nuits consécutives hors de leur domicile pour leurs loisirs.
30 millions de touristes étrangers séjournent, dans le même temps, en France.
Les activités touristiques font travailler directement 600 000 personnes.

L'équipement touristique

L'équipement touristique offre une capacité d'accueil de 4,5 millions de lits en hôtels, terrains de camping, chambres d'hôtes...

19 500 hôtels de tourisme, homologués selon certaines normes, totalisent 475 000 chambres et un million et demi de lits. Certains hôtels se regroupent dans des chaînes volontaires ; la plus importante, Logis et Auberge de France, compte quelque 73 000 chambres.

8 400 terrains de camping proposent 2,3 millions de places.

30 000 gîtes ruraux, 550 villages de vacances, 1,5 million de places dans des camps d'adolescents complètent l'infrastructure touristique.

260 tour-opérateurs se partagent le marché français du voyage organisé et touchent 7 % des vacanciers, mais plus du quart de ceux qui vont à l'étranger. Les deux plus importants sont le Club Méditerranée et Nouvelles Frontières qui transportent respectivement 1,3 million et 600 000 touristes.

Les destinations des français (en %)

Séjour à la...	mer	campagne	montagne	ville	circuit
hiver	17,6	28,6	30,7	18,3	4,8
été	43,6	26	14,8	8,3	7,3

Paris, capitale du tourisme

Paris est l'une des capitales mondiales du tourisme avec plus de 11 millions de journées de vacances, passées au cours du seul été, dans la région Ile-de-France. Elle le doit à la richesse de son patrimoine artistique, à la vitalité de ses activités culturelles, mais aussi à ses capacités d'accueil : 106 000 chambres d'hôtels. L'importance de son tourisme d'affaires et le nombre de ses « sièges-conférence » placent par ailleurs Paris en tête des villes de congrès dans le monde.

Les touristes étrangers

La répartition des touristes étrangers venant en France s'établit dans les proportions suivantes : Allemands 25 %, Anglais 17 %, Hollandais 12 %, Suisses 10 %, Belges 9 %, Italiens 6 %, Américains (USA) 4 %.

LES VACANCES

Dates et durées

Quatre vacanciers sur cinq partent en été. Juillet et août, mois des congés scolaires, concentrent 80 % des séjours estivaux. Les vacances à la neige sont le fait d'un Français sur dix.

Elles se sont développées comme vacances supplémentaires et concernent, dans 82 % des cas, des gens déjà partis en vacances d'été.

Taux de départ en vacances d'été

Cadres supérieurs et professions libérales	83,7 %
Cadres moyens	74,0 %
Employés	61,7 %
Patrons de l'industrie et du commerce	55,4 %
Ouvriers	52,2 %
Retraités	38,5 %
Exploitants et salariés agricoles	23,4 %

Les modes d'hébergement

Parents ou amis **40%**	Résidence secondaire **9%**
	Village de vacances **9%**
Tente ou caravane **19%**	
Location maison **14,5%**	Hôtel **8,5%**

Les séjours à l'étranger

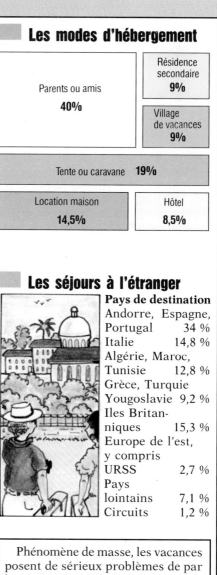

Pays de destination

Andorre, Espagne, Portugal	34 %
Italie	14,8 %
Algérie, Maroc, Tunisie	12,8 %
Grèce, Turquie Yougoslavie	9,2 %
Iles Britanniques	15,3 %
Europe de l'est, y compris URSS	2,7 %
Pays lointains	7,1 %
Circuits	1,2 %

Phénomène de masse, les vacances posent de sérieux problèmes de par leur manque d'étalement dans le temps. Aux difficultés provoquées par de fortes migrations dans des délais très brefs s'ajoute le problème économique d'entretenir des structures d'accueil, vides neuf mois sur douze.

CADRE NATUREL
POPULATION
ORGANISATION
VIE ÉCONOMIQUE
COMMUNICATION
FRANCE ET MONDE

La durée du travail

Avec la semaine de 39 heures, cinq semaines de congés payés et onze jours fériés, la France fait partie des pays industrialisés qui travaillent le moins. 1 763 heures annuelles en moyenne dans l'industrie, 400 h de moins qu'au Japon, 160 h de moins qu'aux États-Unis. Le temps de présence individuelle dans l'entreprise compte cependant moins que l'utilisation de ce temps, que la productivité. Or, en France, la durée d'utilisation des équipements demeure faible.

La durée hebdomadaire

La durée légale hebdomadaire est de 39 h pour le personnel salarié. La durée moyenne hebdomadaire de travail d'un ouvrier est de 38,6 h. 27,5 % d'entre eux travaillent entre 35 et 39 h; 50 % travaillent 39 h et 20 % entre 40 et 44 h.

Pour les autres catégories socioprofessionnelles, la moyenne hebdomadaire s'établit à 36,3 h pour un employé, à 45 h pour un cadre d'entreprise, à 48,8 h pour un artisan, à 52,6 h pour un agriculteur, à 53,7 h pour un commerçant.

La durée annuelle dans l'industrie

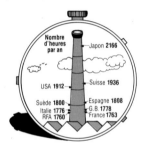

Nombre d'heures par an

Japon **2166**
USA **1912**
Suisse **1936**
Suède **1800**
Espagne **1808**
Italie **1776**
G.B. **1778**
RFA **1760**
France **1763**

Les congés payés

Les congés payés combinés avec les grandes vacances scolaires d'été provoquent en France la grande cassure du mois d'août que ne connaissent pas les autres grands pays industriels. La durée réelle des vacances est pourtant semblable dans les pays de la CEE.

Les congés annuels dans la CEE		
Pays	**Durée légale**	**Conventionnelle**
Belgique	4 semaines	4 à 5 semaines
Danemark	pas de loi	5 semaines
Espagne	30 jours civils	4,5 à 5 semaines
France	5 semaines	5 à 6 semaines
Grande-Bretagne	pas de loi	4 à 6 semaines
Grèce	4 semaines	4 semaines
Irlande	3 semaines	4 semaines
Italie	pas de loi	4 à 6 semaines
Luxembourg	5 semaines	25 à 29 jours
Pays-Bas	3 semaines	5 semaines
Portugal	30 jours civils	4,5 à 5 semaines
RFA	3 semaines	5 à 6 semaines

L'ATTITUDE AU TRAVAIL

Les motivations au travail

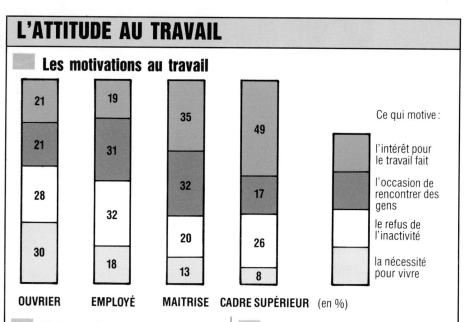

Ce qui motive :
- l'intérêt pour le travail fait
- l'occasion de rencontrer des gens
- le refus de l'inactivité
- la nécessité pour vivre

OUVRIER — EMPLOYÉ — MAITRISE — CADRE SUPÉRIEUR (en %)

L'absentéisme

En 1979, un salarié français s'absentait en moyenne 17 jours par an en dehors des congés. Le chiffre est tombé à 14 jours en 1985. La cinquième semaine de congés payés, le renforcement des contrôles de la Sécurité sociale, la peur du chômage incitent les salariés à plus de rigueur.

Les conflits du travail.

Le nombre de journées individuelles non travaillées pour faits de grève s'est élevé en 1986 à 1 042 000. Il est en baisse constante depuis 1976. Si l'on s'en tient aux conflits localisés au sein d'une entreprise, le nombre de jours de grève tombe à 567 000 ; c'est le chiffre le plus faible enregistré depuis 40 ans. Cela représente, pour un total de cent salariés, 4,5 jours de grève dans l'année.

Le travail au noir

Le travail au noir ou travail non déclaré prend une place de plus en plus importante en France. Il a pu être évalué en 1986 à 50 milliards de francs. Il gangrène la totalité de l'Hexagone même si la région parisienne et la région Provence-Alpes-Côte d'Azur totalisent à elles seules près des trois quarts des infractions verbalisées. Les secteurs les plus touchés sont la confection, l'hôtellerie-restauration, l'agriculture et le bâtiment pour lequel la masse de travail au noir correspond à l'activité d'une entreprise de 163 000 salariés. Il représente à lui seul le tiers des verbalisations.

L'absentéisme recule dans les entreprises. Les jours de grève sont en diminution constante. Le travail au noir connaît un important essor. Il convient de se demander si le « manque d'ardeur » au travail si souvent décrié chez les Français ne relève pas d'un préjugé qui ne correspond pas à la réalité.

CADRE NATUREL
POPULATION
ORGANISATION
VIE ÉCONOMIQUE
COMMUNICATION
FRANCE ET MONDE

Le chômage

Le nombre de chômeurs s'est élevé à 2 670 000 personnes en novembre 1986. Le taux de chômage, c'est-à-dire le rapport entre le nombre de demandeurs d'emploi et la population active est de 10,5 % mais il existe de fortes disparités régionales.
Le chômage touche particulièrement les femmes et les jeunes. Les femmes représentent 48 % des demandes d'emploi alors qu'elles constituent 40,8 % de la population active. Le tiers des demandeurs d'emploi ont moins de 25 ans.
Fait grave : la durée du chômage a tendance à augmenter.

L'évolution du chômage depuis 1955

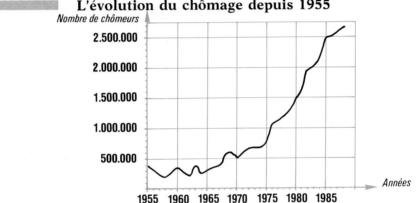

Le nombre de chômeurs a été multiplié par deux, une première fois entre 1973 et 1978, une deuxième fois entre 1979 et 1987.

La durée du chômage

La durée moyenne du chômage s'élève à 379 jours. Un chômeur sur trois est inscrit à l'ANPE depuis plus d'un an. La proportion est de deux sur trois si l'on considère les chômeurs de plus de 50 ans pour lesquels il est devenu très difficile de retrouver un emploi.

Taux de chômage départemental

Les régions où le taux de chômage est supérieur à la moyenne nationale sont situées à la périphérie française.

Dans les régions de la moitié nord, on observe plutôt une détérioration, Ile-de-France exceptée. La crise des secteurs traditionnels d'une industrialisation déjà ancienne explique que le taux de chômage dépasse 13 % dans le Nord, les Ardennes, la Loire-Atlantique et le Pas-de-Calais.

Dans les régions de la moitié sud, on observe plutôt une amélioration, excepté pour le Languedoc-Roussillon et Provence-Alpes-Côte d'Azur. Dans ces deux régions, la fermeture des houillères des Cévennes, la restructuration agricole, la crise des chantiers navals et l'existence, en son temps, d'une forte immigration expliquent que le taux de chômage atteigne 13 % dans les Bouches-du-Rhône et le Var, et dépasse 14 % dans le Gard, l'Hérault et les Pyrénées-Orientales.

TAUX DE CHÔMAGE DÉPARTEMENTAL

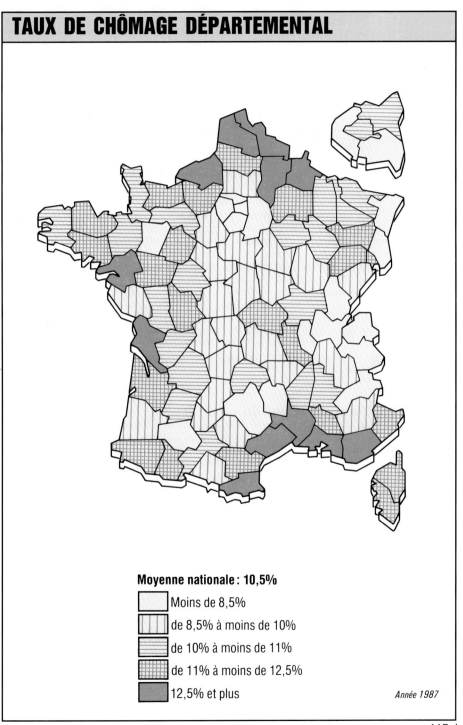

Moyenne nationale : 10,5%

- Moins de 8,5%
- de 8,5% à moins de 10%
- de 10% à moins de 11%
- de 11% à moins de 12,5%
- 12,5% et plus

Année 1987

117

CADRE NATUREL
POPULATION
ORGANISATION
VIE ÉCONOMIQUE
COMMUNICATION
FRANCE ET MONDE

Un nouvel espace économique

L'espace économique français est en mutation. Depuis le XIXᵉ siècle, les régions prospères, situées au nord d'une ligne Le Havre-Marseille, s'opposaient aux régions pauvres, situées à l'ouest et au sud de cette ligne. Depuis la fin des années soixante-dix, ces régions de l'ouest et du sud connaissent les transformations les plus dynamiques. C'est le résultat de la crise des activités traditionnelles, de l'utilisation de technologies nouvelles, du changement des mentalités, de la volonté d'aménager le territoire.

La nouvelle donne spatiale

Au moment où les trois régions les plus industrialisées, l'Ile-de-France, le Nord-Pas-de-Calais et la Lorraine voient fondre leurs effectifs industriels, une vie nouvelle anime l'ouest et le sud de la France.

Cette nouvelle donne spatiale des activités économiques résulte de l'évolution technique. La modernisation des moyens de transports, l'utilisation de matériaux légers, les nouvelles techniques de l'information, notamment la télémécanique, ont apporté une grande liberté dans le choix de l'implantation d'une activité industrielle ou tertiaire. A ceci s'ajoute pour l'installation des hommes, l'attrait de la mer et du soleil. Si l'on considère le résultat des migrations de population entre régions, le Nord-Pas-de-Calais, l'Ile-de-France et la Lorraine totalisent les trois quarts des départs, les régions Provence-Alpes-Côtes d'Azur et Languedoc-Roussillon accueillent la moitié des arrivées.

L'aménagement du territoire

La Délégation à l'Aménagement du Territoire et à l'Action Régionale (DATAR) a été créée en 1963. Elle a pour but de corriger les déséquilibres entre les différentes régions. L'État établit avec les régions des contrats de plan qui précisent les orientations souhaitées et fixent les contributions financières de chacune des parties.

Variations régionales du nombre de salariés

Augmentation ou diminution du nombre total de salariés			
Bretagne	+ 1,22 %	Limousin	+ 0,24 %
Languedoc-Roussillon	+ 1,02 %	Auvergne	+ 0,11 %
Midi-Pyrénées	+ 0,99 %	Haute-Normandie	+ 0,06 %
Pays de la Loire	+ 0,94 %	Bourgogne	− 0,01 %
Alsace	+ 0,74 %	Ile-de-France	− 0,04 %
Provence-Alpes-Côte d'Azur		Picardie	− 0,28 %
et Corse	+ 0,70 %	Franche-Comté	− 0,41 %
Aquitaine	+ 0,67 %	Champagne-Ardenne	− 0,53 %
Poitou-Charentes	+ 0,57 %	Nord-Pas-de-Calais	− 0,56 %
Centre	+ 0,55 %	Lorraine	− 0,69 %
Basse-Normandie	+ 0,50 %		
Rhône-Alpes	+ 0,42 %	France entière	+ 0,24 %

(Période 1974-1984)

UN NOUVEAU DYNAMISME

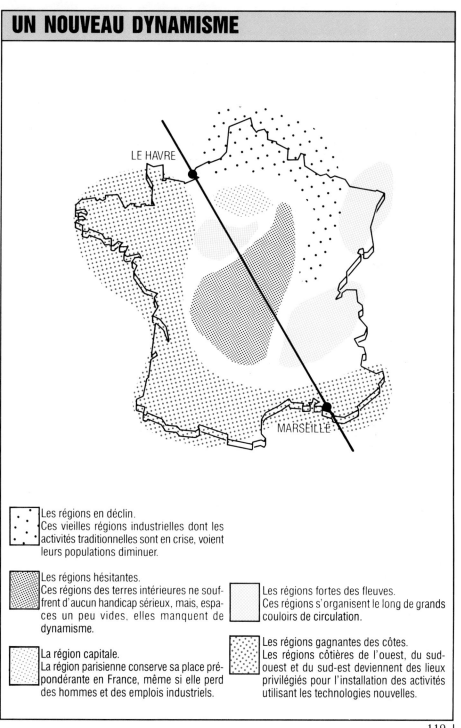

LE HAVRE

MARSEILLE

Les régions en déclin.
Ces vieilles régions industrielles dont les activités traditionnelles sont en crise, voient leurs populations diminuer.

Les régions hésitantes.
Ces régions des terres intérieures ne souffrent d'aucun handicap sérieux, mais espaces un peu vides, elles manquent de dynamisme.

La région capitale.
La région parisienne conserve sa place prépondérante en France, même si elle perd des hommes et des emplois industriels.

Les régions fortes des fleuves.
Ces régions s'organisent le long de grands couloirs de circulation.

Les régions gagnantes des côtes.
Les régions côtières de l'ouest, du sud-ouest et du sud-est deviennent des lieux privilégiés pour l'installation des activités utilisant les technologies nouvelles.

| CADRE NATUREL |
| POPULATION |
| ORGANISATION |
| **VIE ÉCONOMIQUE** |
| COMMUNICATION |
| FRANCE ET MONDE |

Les revenus des Français

Les revenus des Français proviennent à 47 % des salaires, à 33 % des prestations sociales (pensions de retraites, indemnités de chômage). Le reste est constitué des revenus de la propriété (immeubles loués, actions en bourse) ou des revenus d'entrepreneurs n'ayant pas une comptabilité séparée de celle de leur ménage. L'analyse de l'ensemble des revenus des Français révèle d'importantes différences, tant au plan de leur répartition par catégorie socioprofessionnelle et par sexe, qu'au plan de leur répartition géographique.

La répartition des salaires

La pyramide des salaires
(La flèche indique le salaire moyen)

Salaire mensuel

Le salaire net moyen s'établit à 6 816 F pour l'homme et à 5 664 F pour la femme. En moyenne, les salaires féminins sont inférieurs de 25 % aux salaires masculins. D'une part, les femmes sont moins bien payées que les hommes pour un travail du même type ; d'autre part elles occupent, dans l'ensemble, des postes moins bien rétribués.

Le salaire moyen d'un cadre est 3,3 fois supérieur au salaire moyen d'un ouvrier.

SMIC et smicards

Le Salaire Minimum Interprofessionnel de Croissance, garanti à tous les travailleurs, s'élevait en juin 1988 à 28,58 F/h, soit 4 010 F mensuels. Le nombre de smicards va en augmentant. Dans les établissements employant plus de 10 salariés, il était de 5,8 % en 1974, il voisine 10 % aujourd'hui. Dans les établissements de moins de 10 salariés, le nombre de smicards atteint 45 %, voire 61 % dans le commerce de détail. Les femmes payées au Smic sont deux fois et demie plus nombreuses que les hommes.

La géographie des revenus

Si l'on considère la valeur absolue, les salaires parisiens sont supérieurs de 25 % à ceux de la province.

Si l'on considère la croissance des salaires sur les dix dernières années, l'on constate une moindre augmentation dans les vieilles régions industrielles : Nord, Lorraine, Franche-Comté, Ile-de-France. Dans le même temps, les rémunérations en Bretagne, Aquitaine, Midi-Pyrénées, Languedoc-Roussillon, et Provence-Alpes-Côte d'Azur connaissent une progression sensible. C'est l'effet d'un rattrapage mais aussi la conséquence de la nouvelle donne spatiale (voir page 119). Dynamiques, ces régions attirent aujourd'hui des cadres et des salariés hautement qualifiés : les salaires augmentent en fonction du niveau de formation.

L'IMPÔT SUR LE REVENU

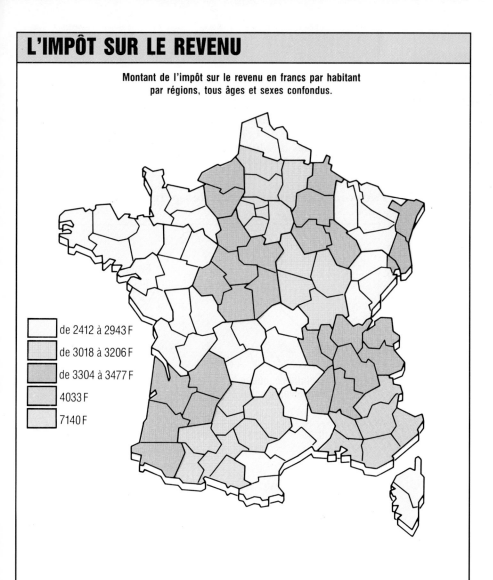

Montant de l'impôt sur le revenu en francs par habitant
par régions, tous âges et sexes confondus.

de 2412 à 2943 F

de 3018 à 3206 F

de 3304 à 3477 F

4033 F

7140 F

L'Ile-de-France au premier rang

Les disparités dans la répartition géographique des revenus sont mises en évidence par la carte de l'imposition sur le revenu.

La moyenne nationale par habitant s'élève à 3 861 F. Deux régions se situent au-dessus : la région Provence-Alpes-Côte d'Azur et la région Ile-de-France, nettement en tête pour les sommes versées. Elle représente en effet à elle seule 34 % de l'impôt collecté. C'est l'un des signes de l'exceptionnelle concentration de richesses et d'activités de la région parisienne.

CADRE NATUREL
POPULATION
ORGANISATION
VIE ÉCONOMIQUE
COMMUNICATION
FRANCE ET MONDE

Le pouvoir d'achat des Français

L'évolution du pouvoir d'achat est déterminé par la confrontation entre les revenus que reçoivent les Français et l'indice des prix à la consommation. Cet indice calculé par l'INSEE repose sur l'observation de 1 000 produits dans 30 000 points de vente dans 100 villes de plus de 2 000 habitants.

Pouvoir d'achat et indice des prix

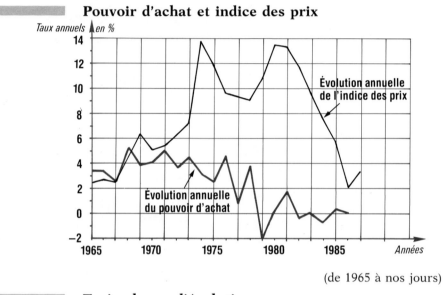

(de 1965 à nos jours)

Trois phases d'évolution

1968 - 1973 : un gain annuel de 4 %. En 1968, le pouvoir d'achat gagne 5,3 points. Les grandes grèves de mai ont conduit aux accords de Grenelle : le SMIG gagne 35 %, les salaires 7 % en juillet et 3 % en octobre. La croissance des salaires se stabilise ensuite aux environs de 10 % l'an. Les prix augmentent de 5 % à 6 %, puis de 7 % en 1973. Le gain de pouvoir d'achat tourne autour de 4 % annuels sur la période.

1974 - 1978 : une croissance irrégulière. Le quadruplement du prix du pétrole à partir de l'automne 1973 réveille une crise latente. Les prix s'envolent : + 17 %, les salaires suivent avec un décalage : + 14 %. Par la suite la hausse des prix décroît, mais ne descend pas au-dessous de 9 %. Le pouvoir d'achat augmente encore, mais irrégulièrement.

1979 - 1986 : le marasme. Le prix du pétrole double en 1979. Les prix prennent les salaires de vitesse : le pouvoir d'achat du salarié moyen baisse de 2 %. En 1980 commence la hausse du dollar utilisé pour régler les factures pétrolières. Le pouvoir d'achat stagne. En 1981, le SMIC augmente de 18 %, les salaires moyens de 15 %. Depuis 1982 la rigueur a pris le dessus. L'époque des gains de pouvoir d'achat semble révolue.

122

LE POUVOIR D'ACHAT DU FRANC

▎ Petite histoire du franc

C'est l'ordonnance du 5 décembre 1360 qui, la première, nomme de façon précise le « franc d'or fin ». Cette pièce représente Jean le Bon à cheval. Elle était destinée à rendre « franc », c'est-à-dire libre, le roi de France retenu en Angleterre depuis le désastre de Poitiers en 1356. La pièce vaut 20 sols. Francs et livres pouvaient alors être synonymes.

C'est en 1795 que la Convention crée le « franc français » et réalise ainsi l'unité monétaire de la France, matérialisée par une pièce de 5 grammes d'argent.

C'est en janvier 1960 qu'est créé le franc actuel, le « nouveau franc » (NF). Ce franc lourd vaut 100 F anciens d'avant 1960. Survenant après une dévaluation, cette opération a un but purement psychologique : donner à la France une unité monétaire qui fasse bonne figure à côté des grandes monnaies internationales.

▎ Convertir le franc du XXᵉ s.

Le tableau ci-après indique approximativement l'évolution du pouvoir d'achat du franc depuis 1901. Il permet de se faire une idée de la valeur d'une somme exprimée en francs de 1901 à 1986.

Pour estimer la valeur en francs de 1914, 1938 ou 1986 d'une somme en francs courants d'une année indiquée dans la première colonne, il faut multiplier cette somme par le coefficient de transformation relatif à l'année 1914, 1938 ou 1986.

Exemple

150 F de 1945 équivalent à
150 × 0,037 = 5,55 F de 1914
150 × 0,249 = 37,75 F de 1938
150 × 0,483 = 72,45 F de 1986

ANNÉE	Coefficient de transformation en francs de :		
	1914	1938	1986
1901	1,15	7,69	14,9
1905	1,15	7,69	14,9
1910	1,15	7,69	14,9
1915	0,83	5,56	10,8
1920	0,28	1,89	3,66
1925	0,25	1,87	3,23
1930	0,17	1,14	2,20
1935	0,23	1,52	2,98
1940	0,119	0,79	1,54
1945	0,037	0,249	0,483
1950	0,0083	0,055	0,107
1955	0,0064	0,043	0,083
1960	0,472	3,15	6,10
1965	0,392	2,61	5,07
1970	0,313	2,09	4,05
1971	0,296	1,98	3,83
1972	0,279	1,86	3,61
1973	0,260	1,74	3,36
1974	0,229	1,53	2,96
1975	0,205	1,37	2,65
1976	0,186	1,24	2,41
1977	0,170	1,14	2,20
1978	0,156	1,04	2,02
1979	0,141	0,94	1,82
1980	0,124	0,83	1,61
1981	0,110	0,73	1,42
1982	0,098	0,66	1,27
1983	0,090	0,60	1,16
1984	0,084	0,56	1,08
1985	0,079	0,53	1,02
1986	0,077	0,52	1,00

CADRE NATUREL
POPULATION
ORGANISATION
VIE ÉCONOMIQUE
COMMUNICATION
FRANCE ET MONDE

Le budget de l'État

Le budget de l'État fait, chaque année, l'objet d'un vote par le Parlement d'une loi de finances qui établit le volume des dépenses et des recettes. Le budget est le moyen pour le gouvernement de conduire sa politique économique et sociale en fixant des choix, en établissant des priorités.

Les recettes fiscales (impôts + taxes) payées par les Français procurent à l'État l'essentiel de ses ressources : 1 120 milliards de francs en 1987.

Les dépenses étant supérieures aux recettes, le budget de l'État français est en déficit depuis 1975.

Les recettes de l'État

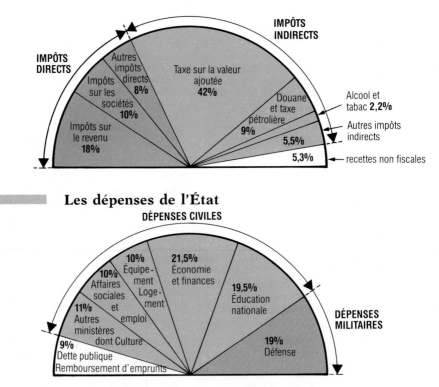

Les dépenses de l'État

L'équilibre du budget

L'équilibre du budget n'a été atteint que quatre fois depuis 1968, en 1970, 1972, 1973 et 1974. Le déficit 1987 s'est monté à 124 milliards, chiffre considérable en lui-même, mais qui ne représente que 2,5 % des richesses produites par la France en un an. Pour combler le déficit, l'État a recours à l'emprunt.

LA TVA EN FRANCE ET EN EUROPE

42 % des recettes de la France

La Taxe à la Valeur Ajoutée fournit à elle seule 42 % des recettes globales de l'État français, 44,5 % des recettes fiscales. La TVA se répercute dans le prix de tous les produits. Son taux varie de 7 % de la valeur du produit hors taxe, pour les denrées alimentaires et de première nécessité, à 33,3 % pour les produits de luxe. Le taux normal est fixé à 18,6 %.

63 % des recettes de la CEE

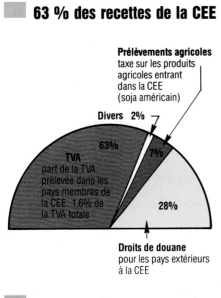

Prélèvements agricoles
taxe sur les produits agricoles entrant dans la CEE (soja américain)

Divers 2%

63%
TVA
part de la TVA prélevée dans les pays membres de la CEE. 1,6% de la TVA totale

7%

28%

Droits de douane
pour les pays extérieurs à la CEE

Un poids géographique inégal

La TVA représente en moyenne 7,05 % du Produit Intérieur Brut de la Communauté Économique Européenne. Mais il existe de sensibles différences. La Grande-Bretagne avec 5,22 % et l'Italie avec 5,48 % sont nettement en deçà du taux moyen. Quatre pays se situent bien au-delà : la Belgique, l'Irlande et surtout la France et le Danemark avec des taux respectifs de 9,19 % et 9,48 % de leur PIB.

Des taux nationaux variables

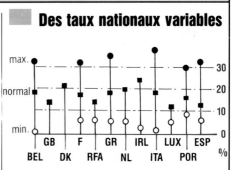

Les deux taux extrêmes :
— 38 % en Italie pour les produits de luxe.
— 0 % en Grande-Bretagne sur les produits de première nécessité.

La TVA à l'horizon 1993

L'ouverture du grand marché européen le 1er janvier 1993 nécessite une harmonisation fiscale. La Commission européenne aimerait que les taux, s'ils restent multiples au sein d'un État, ne connaissent pas des écarts dépassant 5 à 6 points. La fourchette des taux de TVA irait donc de 14 % à 19 %. Le taux moyen se situerait aux environs de 16,5 %. Les produits alimentaires, les médicaments et les livres bénéficieraient d'un taux plus faible variant entre 4 % et 9 %.

La règle établie en commun tolérera cependant des « exemptions temporaires » pour les États en faisant la demande.

L'harmonisation fiscale est indispensable à la réussite du grand marché européen de 1993. Mais la mise en place d'une politique communautaire qui intervient dans le droit des impôts est pour certains le signe d'un abandon de souveraineté nationale.

CADRE NATUREL
POPULATION
ORGANISATION
VIE ÉCONOMIQUE
COMMUNICATION
FRANCE ET MONDE

Le commerce extérieur

La France occupe, selon les années, le quatrième ou le cinquième rang des pays exportateurs. Mais sur les vingt dernières années, la balance commerciale n'a été bénéficiaire que six fois et encore le dernier solde positif remonte-t-il à 1978 : + 6,2 milliards de francs. Depuis il a toujours été négatif et a même atteint − 92 milliards de francs en 1982.

Le commerce extérieur de la France se réoriente. En dix ans, le volume des exportations est passé de 22 % à 17 % vers les pays en voie de développement, de 60 % à 77 % vers les pays industrialisés et solvables de la CEE et de l'OCDE.

La répartition géographique des échanges
Les importations (en % du total)

En provenance de...

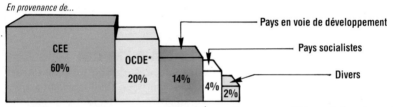

- Pays en voie de développement
- Pays socialistes
- Divers

CEE 60% OCDE* 20% 14% 4% 2%

*Organisation de Coopération et de Développement Économique regroupant 24 pays de l'ouest européen et le Canada, les États-Unis et le Japon, ici hors CEE.

Les exportations (en % du total)

à destination de...

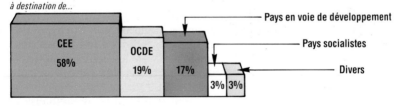

- Pays en voie de développement
- Pays socialistes
- Divers

CEE 58% OCDE 19% 17% 3% 3%

Les principaux clients et fournisseurs

Les pays fournisseurs (% du total des importations)		Les pays clients (% du total des exportations)		Part de la France dans les importations des pays clients
RFA	19,4	RFA	16,1	11,6
Italie	11,6	Italie	11,8	14,5
Belgique	9,5	Belgique	9,1	15,2
États-Unis	7,5	Grande-Bretagne	8,8	8,9
Grande-Bretagne	6,5	États-Unis	7,4	3
Hollande	5,7	Hollande	4,9	7
Espagne	4,2	Suisse	4,6	12
Japon	3,6	Espagne	4,1	12,8

LA NATURE DES ÉCHANGES

Les principales exportations

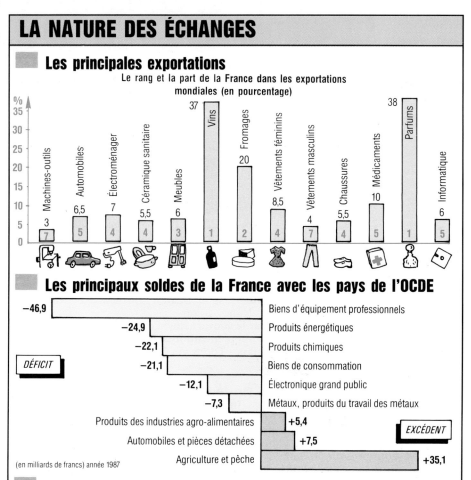

Le rang et la part de la France dans les exportations mondiales (en pourcentage)

Produit	Part (%)	Rang
Machines-outils	3	7
Automobiles	6,5	5
Électroménager	7	4
Céramique sanitaire	5,5	4
Meubles	6	3
Vins	37	1
Fromages	20	2
Vêtements féminins	8,5	4
Vêtements masculins	4	7
Chaussures	5,5	4
Médicaments	10	5
Parfums	38	1
Informatique	6	5

Les principaux soldes de la France avec les pays de l'OCDE

Solde	Secteur
−46,9	Biens d'équipement professionnels
−24,9	Produits énergétiques
−22,1	Produits chimiques
−21,1	Biens de consommation
−12,1	Électronique grand public
−7,3	Métaux, produits du travail des métaux
+5,4	Produits des industries agro-alimentaires
+7,5	Automobiles et pièces détachées
+35,1	Agriculture et pêche

DÉFICIT

EXCÉDENT

(en milliards de francs) année 1987

L'effondrement du solde industriel

Alors que diminue considérablement la facture pétrolière, du fait de la baisse simultanée du pétrole et du dollar, le solde du commerce extérieur reste négatif. La situation est d'autant plus grave que le solde des échanges des produits industriels s'effondre : le premier déficit, en 1986, se montait à − 2,2 milliards de francs ; il a été, en 1987, de 37,3 milliards.

C'est, d'une part, la conséquence de l'importation de machines que la France ne fabrique plus. Cela traduit, d'autre part, une perte de compétitivité que n'endiguent pas les réussites rencontrées à l'exportation dans les secteurs agricoles et agro-alimentaires. Le succès affiché dans le secteur automobile est en net repli : − 33 % par rapport à 1986.

> Manque de dynamisme commercial et inadaptation à la demande, voilà deux handicaps que doit surmonter la France pour équilibrer sa balance commerciale et endiguer un inquiétant recul dans le secteur des produits industriels.

CADRE NATUREL
POPULATION
ORGANISATION
VIE ÉCONOMIQUE
COMMUNICATION
FRANCE ET MONDE

La suprématie de la route

La France a un réseau routier extrêmement dense. Ses 806 000 kilomètres de routes la placent au premier rang de la CEE pour la longueur de son réseau. Ses 6 100 km d'autoroutes et de voies rapides la placent au 4ᵉ rang mondial après les États-Unis, l'Australie et la République fédérale allemande.
La route supporte 80 % du tonnage total de marchandises transportées en France. Si l'on considère la tonne-kilomètre, c'est-à-dire le rapport entre tonnage et kilomètres parcourus, la proportion tombe à 50 %.

Le réseau autoroutier

En 1960, les pouvoirs publics ont mis en place un vaste programme autoroutier. La construction et l'exploitation des autoroutes ont été concédées à des sociétés privées en 1969. Le réseau est centralisé : il se noue sur les 36 km du périphérique parisien et diverge en étoile vers les grandes villes de province. De grandes transversales existent cependant entre Mulhouse et Beaune, Bordeaux et Narbonne. D'autres sont en voie d'achèvement : Nancy-Dijon.

Le schéma autoroutier arrêté par le gouvernement en avril 1987 prévoit, avant la fin du siècle, 2 730 km d'autoroutes supplémentaires. Au programme notamment les liaisons Genève - Bordeaux et Calais - Tours via Le Mans.

Marchandises : la route ou le rail ?

Dans les années soixante, le trafic marchandises par la route (en tonnes-kilomètres) représentait la moitié de celui de la SNCF. Aujourd'hui, il en représente presque le double.

La souplesse d'utilisation des camions, le fait qu'ils puissent livrer à domicile sans manutention supplémentaire, les ont imposés sur les courtes distances et pour les transports des produits agricoles et alimentaires. L'amélioration progressive du réseau routier a fait le reste, et les camions transportent aujourd'hui des pondéreux (pétrole, ciment) bien que leur consommation d'énergie soit supérieure à celle du rail.

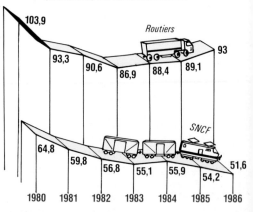

Transport des marchandises : concurrence rail-route en milliards de tonnes-kilomètres

Routiers : 103,9 — 93,3 — 90,6 — 86,9 — 88,4 — 89,1 — 93

SNCF : 64,8 — 59,8 — 56,8 — 55,1 — 55,9 — 54,2 — 51,6

1980 1981 1982 1983 1984 1985 1986

Les problèmes de la route

Depuis 1970, la circulation automobile a été multipliée par 1,5 sur les routes nationales et par 2,3 sur les autoroutes. La route assure les deux tiers des mouvements de voyageurs dans l'Hexagone, ce qui ne va pas sans causer quelques problèmes lors des pointes des grands départs. Il y a eu, en 1986, 184 000 accidents de la circulation qui ont fait 11 000 morts et 259 000 blessés.

RÉSEAU ET FLUX ROUTIERS

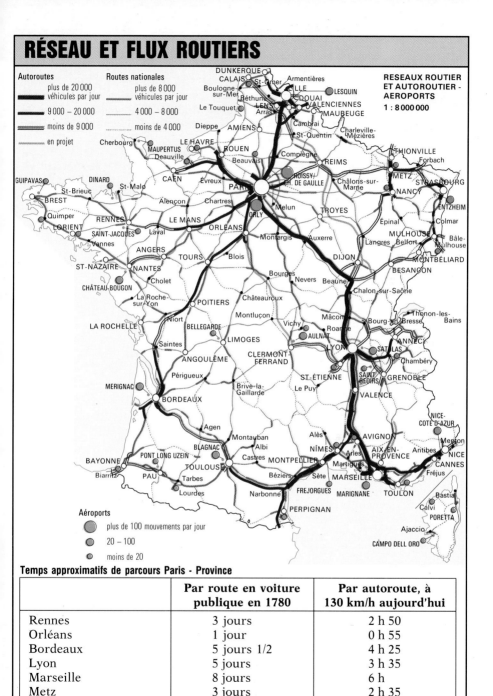

Autoroutes
- ▬▬ plus de 20 000 véhicules par jour
- ▬ 9 000 – 20 000
- ▭ moins de 9 000
- ⋯ en projet

Routes nationales
- ▬ plus de 8 000 véhicules par jour
- ▬ 4 000 – 8 000
- ⋯ moins de 4 000

RESEAUX ROUTIER ET AUTOROUTIER - AEROPORTS
1 : 8 000 000

Aéroports
- ⬤ plus de 100 mouvements par jour
- ● 20 – 100
- • moins de 20

Temps approximatifs de parcours Paris - Province

	Par route en voiture publique en 1780	Par autoroute, à 130 km/h aujourd'hui
Rennes	3 jours	2 h 50
Orléans	1 jour	0 h 55
Bordeaux	5 jours 1/2	4 h 25
Lyon	5 jours	3 h 35
Marseille	8 jours	6 h
Metz	3 jours	2 h 35
Strasbourg	5 jours	3 h 40
Lille	2 jours	1 h 45

CADRE NATUREL
POPULATION
ORGANISATION
VIE ÉCONOMIQUE
COMMUNICATION
FRANCE ET MONDE

Les transports ferroviaires et aériens

La France est au 4ᵉ rang mondial pour le trafic voyageurs après la Chine, l'Inde et le Japon. 16 millions de personnes ont pris le TGV, le train le plus rapide du monde : 200 km/h de moyenne, pointes à 270 km/h.

Trois compagnies aériennes nationales transportent plus de 25 millions de passagers par an et l'aéroport de Paris vient au second rang européen après Londres pour le trafic passagers.

Un trafic ferroviaire important

Sur 779 millions de voyageurs transportés, 61 % le sont sur les lignes de la banlieue parisienne et 38 % sur les lignes du réseau principal. L'amélioration du confort des voitures, la mise en service de trains rapides, TEE sur Bordeaux, Toulouse, Lille..., TGV sur Lyon et Marseille ont permis d'enrayer une baisse de la fréquentation provoquée par la concurrence de la voiture individuelle et de l'avion.

Malgré ses 149 millions de tonnes acheminées, ses 230 000 wagons et ses cent gares de triage, le trafic marchandises connaît un déclin. Il ne représente que 11 % du tonnage total transporté car il subit la double concurrence des transports routiers et des tubes (pipe-lines, gazoduc).

Réseau et flux ferroviaires

Le réseau ferré français compte 34 000 km dont 11 300 électrifiés. L'extension du réseau TGV va se poursuivre avec le TGV-atlantique, dont la construction s'achèvera en 1990, et le TGV-nord qui en 1992-93 devrait mettre Bruxelles à 1 h 20 de Paris, Londres à 3 h.

Les flux quotidiens de marchandises sont très importants au nord et à l'est d'une ligne Le Havre, Paris, Dijon, Lyon et Marseille. Là s'effectuent les neuf dixièmes des chargements et déchargements. Au sud de la ligne, le trafic quotidien ne dépasse 40 000 tonnes que sur Paris-Orléans et s'amenuise au fur et à mesure que l'on s'éloigne de Paris.

Les liaisons aériennes

La France dispose de 75 aéroports, c'est le record européen. Mais Paris assure à lui seul 87 % du trafic passagers et 59 % du fret. Deux compagnies, Air France et UTA, assurent les vols à destination de l'étranger.

Air Inter dessert l'intérieur du territoire et transporte environ 12 millions de passagers par an, des hommes d'affaires pour les neuf dixièmes. 6 des 27 destinations au départ de Paris concentrent la moitié du trafic : il s'agit de Marseille, Toulouse, Nice, Montpellier, Bordeaux et Lyon. Sur cette dernière ligne, l'avion subit la concurrence du TGV.

Les aéroports français millionnaires en passagers	
Paris	32 971 000
Nice	4 151 000
Marseille	4 007 000
Lyon	2 725 000
Toulouse	2 092 000
Bordeaux	1 670 000
Mulhouse	1 102 000

RÉSEAU ET FLUX FERROVIAIRES

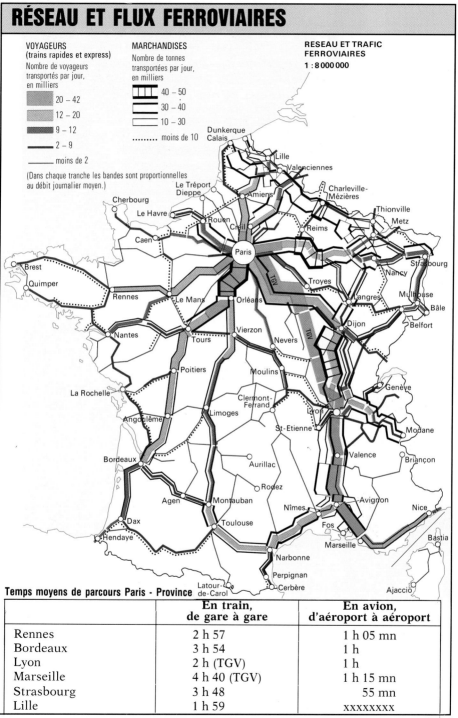

VOYAGEURS
(trains rapides et express)
Nombre de voyageurs transportés par jour, en milliers

- 20 – 42
- 12 – 20
- 9 – 12
- 2 – 9
- moins de 2

(Dans chaque tranche les bandes sont proportionnelles au débit journalier moyen.)

MARCHANDISES
Nombre de tonnes transportées par jour, en milliers

- 40 – 50
- 30 – 40
- 10 – 30
- moins de 10

RESEAU ET TRAFIC FERROVIAIRES
1 : 8 000 000

Temps moyens de parcours Paris - Province	En train, de gare à gare	En avion, d'aéroport à aéroport
Rennes	2 h 57	1 h 05 mn
Bordeaux	3 h 54	1 h
Lyon	2 h (TGV)	1 h
Marseille	4 h 40 (TGV)	1 h 15 mn
Strasbourg	3 h 48	55 mn
Lille	1 h 59	xxxxxxxx

CADRE NATUREL
POPULATION
ORGANISATION
VIE ÉCONOMIQUE
COMMUNICATION
FRANCE ET MONDE

Transports fluviaux et maritimes

La France a le privilège de posséder trois façades maritimes sur des mers très fréquentées. Mais elle ne représente que 1,3 % de la flotte mondiale où elle occupe la 18e place. Deux de ses ports sont dans les 15 premiers mondiaux : Marseille, cinquième après Rotterdam, La Nouvelle-Orléans, Shangaï et Singapour, et Le Havre, quatorzième. Le volume de marchandises embarquées et débarquées dépasse 240 millions de tonnes.
Les voies d'eau intérieures françaises supportent, pour leur part, un trafic de 63 Mt et s'étendent sur 8 560 km.

Les voies d'eau intérieures

Le réseau des voies d'eau intérieures françaises ne dessert pas l'ensemble du territoire. Il est peu développé dans le centre, l'ouest et le sud du pays où l'ensemble Rhône-Saône fait figure d'exception. Il est important au nord d'une ligne Le Havre - Dijon. Mais il manque d'homogénéité : seuls 1 600 km, le cinquième du réseau, sont à grand gabarit et peuvent supporter des unités supérieures à 3 000 tonnes. La liaison Atlantique-Méditerranée est « inexistante ». La mise à grand gabarit de la liaison Rhin-Rhône devrait être réalisée d'ici à 1997.

Les principaux ports fluviaux se situent sur l'ensemble Grand Canal d'Alsace-Rhin et sur la Seine, qui est la plus active des voies d'eau françaises : elle assure 60 % du trafic fluvial exprimé en tonnes-kilomètres.

La marine marchande en crise

Les navires traditionnels, paquebots et cargos polyvalents, cèdent le pas à des navires spécialisés : pétroliers (52 % du tonnage), méthaniers, transporteurs de vrac sec (minerai de fer, phosphate, ciment, blé), navires polythermes (viande, banane) et porte-conteneurs. Mais la flotte vieillit et diminue. On compte 283 navires de plus de 100 tonneaux battant pavillon français, contre 515 il y a dix ans et 14 560 marins et officiers.

Un trafic déséquilibré

Le trafic portuaire en 1986

Trafic marchandises — 76% — Produits pétroliers (2/3) Charbon, minerai de fer — 1986 — ENTRÉES — 24 % — Biens industriels + blé — SORTIES

Les quantités débarquées l'emportent nettement sur celles embarquées. 18 ports assurent la quasi-totalité du trafic marchandises mais 6 d'entre eux en réalisent les quatre cinquièmes : Marseille, second port européen après Rotterdam, Le Havre, Dunkerque, Nantes-Saint-Nazaire, Rouen et Bordeaux. Ces six « ports autonomes », créés en 1965, sont gérés en commun par les collectivités locales et l'État, qui a pris à sa charge les plus grosses dépenses d'équipement.

Le trafic passagers compte vingt millions de voyageurs. Il est très actif sur les côtes de la Manche (80 % du trafic), notamment à Calais, premier port européen en la matière avec un transit de 8,2 millions de personnes.

LES GRANDES ROUTES MARITIMES

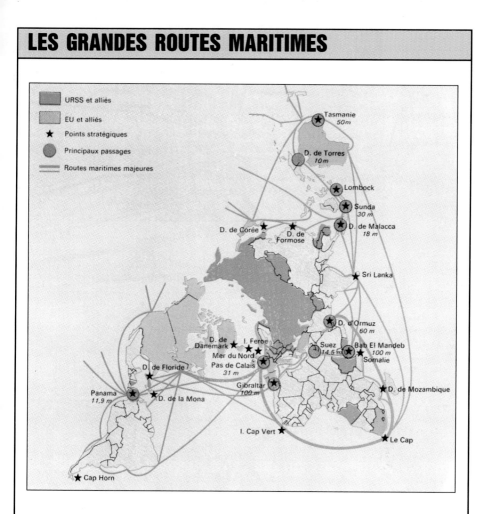

Marchandises embarquées et débarquées (en millions de tonnes)

Ports	Débarquées	Embarquées	Total (tonnes)
Marseille	79,6	18,5	98,1
Le Havre	38,2	9	47,2
Dunkerque	24,6	7,8	32,4
Nantes-St-Nazaire	20,2	4,2	24,4
Rouen	9	12,8	21,8
Bordeaux	5,64	3,4	9

CADRE NATUREL

POPULATION

ORGANISATION

VIE ÉCONOMIQUE

COMMUNICATION

FRANCE ET MONDE

La presse écrite

Avec 205 quotidiens vendus pour 1 000 habitants, la France n'occupe que le vingt et unième rang mondial pour l'importance de ses lecteurs. 9 quotidiens nationaux et 70 quotidiens régionaux paraissent régulièrement. Ils ne représentent d'ailleurs que 40 % des ventes des quelque 2 882 titres qui composent la presse écrite.

La presse française est d'une grande vitalité, mais elle reste dans son ensemble modeste au plan des tirages, si on la compare à la diffusion des grands journaux étrangers.

La presse quotidienne

Quotidiens régionaux (diffusion moyenne)		Quotidiens nationaux	
Ouest-France	736 423	Le Figaro	443 006
La Voix du Nord	377 219	France-Soir	374 525
Sud-Ouest	360 766	Le Monde	363 663
Le Dauphiné Libéré	359 489	Le Parisien Libéré	357 776
La Nouvelle République		L'Équipe	254 327
du Centre-Ouest	272 724	Libération	165 539
Le Progrès	271 036		

La presse magazine

La presse hebdomadaire d'informations générales (diffusion moyenne)			
Paris Match	897 000	France-Soir Magazine	425 000
France-Dimanche	721 000	Pèlerin Magazine	399 000
Figaro Magazine	688 000	Le Nouvel Observateur	337 000
L'Express	554 000	Le Point	330 000
Ici Paris	445 000	La Vie	321 000

La presse féminine (diffusion moyenne)			
Femme Actuelle	1 835 000	Marie-Claire	608 000
Prima	1 426 000	Intimité	379 000
Modes et Travaux	1 139 000	Elle	369 000
Nous Deux	728 000	Marie-France	361 000

7 grands groupes de presse

7 grands groupes dominent la presse écrite française : Hersant (Le Figaro, France-Soir...), Hachette (Télé 7 jours, Elle...), Mondiales (Télé Poche, Modes et Travaux...), Amaury (Le Parisien Libéré, L'Équipe...), Filipacchi (Paris Match, Lui...), Prisma (Géo, Ça m'intéresse...), Compagnie Européenne de Publication (L'Usine Nouvelle, Le Moniteur...).

LA PRESSE RÉGIONALE

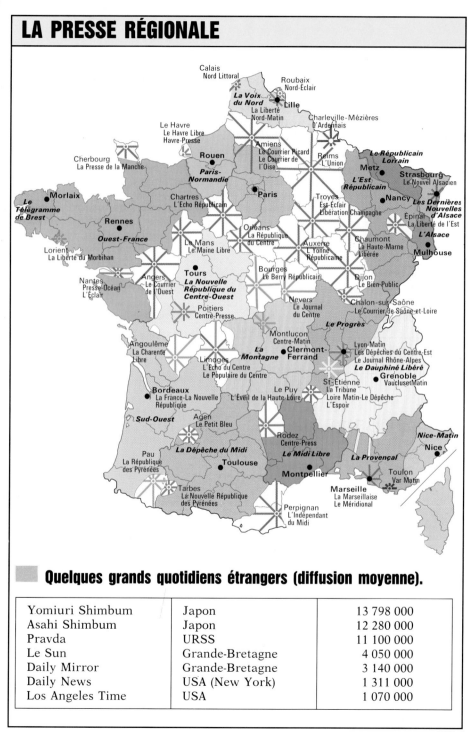

Calais
Nord Littoral

Roubaix
Nord-Éclair

**La Voix
du Nord** Lille
La Liberté
Nord-Matin

Charleville-Mézières
D'Ardennais

Le Havre
Le Havre Libre
Havre-Presse

Amiens
Le Courrier Picard
Le Courrier de
l'Oise

Reims
L'Union

**Le Républicain
Lorrain**

Cherbourg
La Presse de la Manche

Rouen
**Paris-
Normandie**

Metz
**L'Est
Républicain**

Strasbourg
Le Nouvel Alsacien

Morlaix
**Le
Télégramme
de Brest**

Chartres
L'Écho Républicain

Paris

Troyes
Est-Éclair
Libération Champagne

Nancy **Les Dernières
Nouvelles
d'Alsace**
Épinal
La Liberté de l'Est

Rennes

L'Alsace

Ouest-France

Orléans
La République
du Centre

Auxerre
L'Yonne
Républicaine

Chaumont
La Haute-Marne
Libérée

Mulhouse

Lorient
La Liberté du Morbihan

Le Mans
Le Maine Libre

Nantes
Presse-Océan
L'Éclair

Angers
Le Courrier
de l'Ouest

**Tours
La Nouvelle
République du
Centre-Ouest**

Bourges
Le Berry Républicain

Dijon
Le Bien-Public

Poitiers
Centre-Presse

Nevers
Le Journal
du Centre

Chalon-sur-Saône
Le Courrier de Saône-et-Loire

Le Progrès

Angoulême
La Charente
Libre

Limoges
L'Écho du Centre
Le Populaire du Centre

Montluçon
Centre-Matin

**La
Montagne** Clermont-
Ferrand

Lyon-Matin
Les Dépêches du Centre-Est
Le Journal Rhône-Alpes
Le Dauphiné Libéré

Bordeaux
La France-La Nouvelle
République

Le Puy
L'Éveil de la Haute-Loire

St-Étienne
La Tribune
Loire Matin-Le Dépêche
L'Espoir

Grenoble
VaucluseMatin

Sud-Ouest

Agen
Le Petit Bleu

Rodez
Centre-Press

La Dépêche du Midi

Toulouse

Le Midi Libre

La Provençal

Nice-Matin
Nice

Pau
La République
des Pyrénées

Montpellier

Toulon
Var Matin

Tarbes
La Nouvelle République
des Pyrénées

Marseille
La Marseillaise
Le Méridional

Perpignan
L'Indépendant
du Midi

Quelques grands quotidiens étrangers (diffusion moyenne).

Yomiuri Shimbum	Japon	13 798 000
Asahi Shimbum	Japon	12 280 000
Pravda	URSS	11 100 000
Le Sun	Grande-Bretagne	4 050 000
Daily Mirror	Grande-Bretagne	3 140 000
Daily News	USA (New York)	1 311 000
Los Angeles Time	USA	1 070 000

CADRE NATUREL
POPULATION
ORGANISATION
VIE ÉCONOMIQUE
COMMUNICATION
FRANCE ET MONDE

L'ère de la télécommunication

La France est entrée dans l'ère du tout-communiquant. La télécommunication, c'est-à-dire la transmission d'informations à distance par l'intermédiaire du téléphone, de la radio, de la télévision hertzienne, avait déjà pris depuis quelque quarante ans le relais des anciens médias : livres et journaux. Mais, depuis dix ans, de nouveaux équipements se propagent : télématique, microordinateurs avec logiciels, magnétoscopes et vidéocassettes, télévision par câble, fibres optiques...
Un million et demi de Français travaillent dans la communication. C'est un domaine créateur d'emplois : en dix ans, le nombre de places a été multiplié par 3,9 dans les sociétés de service informatique, par 4,4 dans les télécommunications.

La croissance des télécommunications

	Téléphone	Télévision noir et blanc	Télévision couleur	Magnétoscopes	Ordinateurs professionnels
1977	8 400	12 445	3 965	—	44
1987	24 000	8 570	14 480	2 265	275

chiffres en milliers

La télématique pour tous : le minitel

La télématique est l'informatique distribuée à travers un réseau de communication. Le minitel est un terminal, muni d'un écran de visualisation et d'un clavier, qui permet de se connecter par l'intermédiaire du téléphone sur un certain nombre de services (plus de 60 000), fournis grâce à l'informatique. 3,1 millions de minitels sont déjà installés et le trafic dépasse 42 millions d'appels annuels.

« Plan câble » et fibres optiques

Les fibres optiques en fibres de verre sont très performantes : fines comme des cheveux, elles acheminent à grande vitesse tout type d'information préalablement numérisé : écrits, paroles, images fixes ou animées. Ainsi l'équivalent d'une encyclopédie en trente volumes peut être transmise sur 117 km en une seule seconde. Le câble sous-marin TAT 8, mis en service en 1988 entre l'Europe et les États-Unis, peut faire circuler simultanément 40 000 communications téléphoniques. Le câble d'un réseau télévisé permet d'accéder à 20 ou 30 programmes différents dans de parfaites conditions de réception.

Le « plan câble », mis en chantier en 1982, avait chargé la Direction Générale des Télécommunications d'équiper le territoire. Pour des raisons d'économie, le plan a été limité à 52 villes. Et encore certaines d'entre elles ont-elles été pourvues en câbles coaxiaux en cuivre, certes moins coûteux mais bien moins performants. Dans une fibre de verre de 100 microns de diamètre, il passe 50 fois plus d'informations que dans un câble coaxial de dix centimètres de section.

LE TEMPS DES SATELLITES

■ Les satellites de télécommunication

Les satellites de télécommunication placés en orbite autour de la Terre sont des relais qui retransmettent vers le sol des signaux reçus d'une station terrienne dont l'antenne est pointée sur eux. Ils acheminent ainsi le téléphone, le télex, la radio, la télévision, des données informatiques.

Les satellites du type Intelsat V sont capables de faire transiter simultanément 15 000 communications téléphoniques et deux chaînes de télévision couleur. Ils ont une durée de vie moyenne de 7 ans.

La réception au sol des signaux renvoyés par les satellites se fait au moyen d'antennes paraboliques.

■ Embouteillages à 35 885 km !

35 885 km, c'est l'altitude à laquelle gravitent sur une orbite circulaire dans le plan de l'équateur les satellites géostationnaires. Ils évoluent à la même vitesse que la Terre. Cela leur permet de couvrir continuellement le même tiers du globe terrestre.

3 000 engins ont été lancés depuis les débuts de l'épopée spatiale. 1 000 demeurent en orbite. 250 fonctionnent encore. 150 sur la seule orbite géostationnaire ! Cet encombrement a conduit l'Union Internationale des Télécommunications à partager la couronne géostationnaire. La France s'est vue attribuer la position : 19° de longitude ouest.

■ Le système télécom 1

La France dispose d'un système national de télécommunication par satellite appelé Télécom 1. Deux satellites (dont un de secours) sont sur une orbite géostationnaire et assurent une triple mission :
— une mission de liaison avec les départements d'outre-mer vers lesquels ils acheminent communications téléphoniques et programmes de télévision.
— une mission de liaison « numérique » entre les entreprises françaises, voire européennes, qui favorise la pratique de la télécopie et de la téléconférence.
— une mission de liaison d'informations à usage militaire.

Les zones de service de Télécom 1

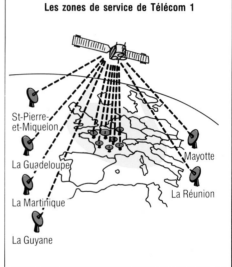

St-Pierre-et-Miquelon
La Guadeloupe
La Martinique
La Guyane
Mayotte
La Réunion

La France est bien placée dans le domaine des télécommunications, de par sa maîtrise technologique, de par son active contribution au programme européen de la fusée Ariane. Cependant la fibre optique se pose en rivale des télécommunications par voie spatiale. Ainsi le nouveau câble transatlantique TAT 8 risque de faire chuter de 50 % le nombre de communications téléphoniques Europe - États-Unis par la voie des airs. (75 % des connexions aujourd'hui.)

CADRE NATUREL
POPULATION
ORGANISATION
VIE ÉCONOMIQUE
COMMUNICATION
FRANCE ET MONDE

Radios et télévisions

L'année 1981 a vu éclore mille six cents radios locales. La période 1984-1986 a vu le nombre de chaînes TV passer de trois à six. L'équipement des foyers français est proche de la saturation puisque 97 % des ménages sont pourvus de postes de radio, et 95 % de téléviseurs. Plus de 80 % des Français allument quotidiennement la télévision et passent en moyenne trois heures assis devant leur poste.

L'essor des radios locales privées

Parts d'audience	
RTL	25 %
Europe 1	12 %
France Inter	11 %
NRJ	10,5 %
RMC	6,8 %
chiffres oct. 87	

Le monde des radios est marqué par l'essor des radios locales privées. Elles représentent globalement aujourd'hui le tiers des parts d'audience. Sur 950 radios locales autorisées lors de la redistribution des ondes de fréquence, 400 ont un caractère associatif ; 550, ouvertes à la publicité, se contentent de passer des disques.

TV : chaînes publiques et chaînes privées

Sur 6 chaînes TV, deux sont publiques : Antenne 2 et FR3 ; et quatre sont privées : TF1, la 5, M6 et Canal + ; cette dernière a pour particularité d'être une chaîne à péage accessible aux seuls abonnés munis d'un décodeur. La redevance et la publicité constituent les recettes des chaînes publiques, la publicité seule celle des chaînes privées.

Les équipements TV et radios en Europe

Les taux d'équipement des ménages								
	Bel	Dan	Fra	RFA	Hol	Ita	Esp	G-B
Postes TV	99 %	96 %	95 %	97 %	98 %	98 %	98 %	97 %
dont couleur	71 %	67 %	70 %	79 %	75 %	45 %	42 %	78 %
Magnétoscopes		15 %	11 %	18 %	18 %	2,5 %	10 %	20 %
Radios	98 %		97 %	98 %	99 %	93 %	96 %	99 %

LES TÉLÉVISIONS D'EUROPE

Le coût de la redevance

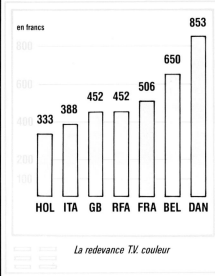

en francs

853
650
506
452 452
388
333

HOL ITA GB RFA FRA BEL DAN

La redevance T.V. couleur

La durée d'écoute quotidienne

Temps moyen d'écoute en minutes par jour

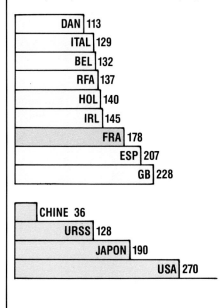

DAN 113
ITAL 129
BEL 132
RFA 137
HOL 140
IRL 145
FRA 178
ESP 207
GB 228

CHINE 36
URSS 128
JAPON 190
USA 270

Le plan Média de la CEE

La Commission européenne a lancé le plan « Média » destiné à promouvoir l'audiovisuel européen. Ses axes de travail sont multiples et touchent à la production et au financement. Concernant la distribution, le multilinguisme des productions s'avère un élément indispensable pour qu'une série nationale puisse être exportée au-delà de ses frontières d'origine. Le plan Média veut, d'une part, développer la technique du doublage et du sous-titrage, d'autre part, soutenir financièrement les productions multilingues dès le tournage.

Des séries européennes?

Un accord a été signé en 1985 entre la RAI (Italie), la ZDF (RFA), Channel 4 (G-B), et Antenne 2 (France) dans le but de produire en commun des séries de longue durée. Le système de coproduction n'a cependant souvent abouti qu'à des produits standardisés aux intrigues un peu simplistes.

La diffusion par satellite des différentes chaînes nationales sur l'ensemble européen ne pose pas de réels problèmes techniques. Elle est aujourd'hui en butte à des obstacles juridiques, politiques et économiques. Elle se heurtera demain à la multiplicité des langues parlées sur le continent européen.

CADRE NATUREL
POPULATION
ORGANISATION
VIE ÉCONOMIQUE
COMMUNICATION
FRANCE ET MONDE

La France dans la CEE

La France a été un des piliers de la construction européenne puisque c'est à l'initiative de Robert Schuman, ministre français des Affaires Étrangères, qu'est née, en avril 1951, la Communauté Européenne du Charbon et de l'Acier... Aujourd'hui la Communauté Économique Européenne (CEE) compte douze membres. Avec 322 millions d'habitants, elle constitue le plus vaste marché du monde, avant les USA et l'URSS. Mais elle présente d'impressionnantes disparités au niveau des pays membres. La France occupe au cœur de la CEE une position privilégiée, celle de carrefour entre les pays de l'Europe du Nord et les pays de l'Europe méditerranéenne.

Les douze pays membres

	UNITÉ	Belgique	Danemark	Espagne	France	Grèce	Italie
Superficie	en milliers de km²	30	43	505	551	132	301
Population	en millions	9,8	5,1	38,6	55,5	10,0	57,1
Densité	hab/km²	322	118	76	100	75,4	190
Population active Agriculture Industrie Tertiaire	100 %	2,9 29,9 67,2	7,1 26,8 66,1	16,9 32,1 50,9	7,6 32 60,4	28,9 27,4 43,7	11,2 33,6 55,2
Produit intérieur brut	en milliards de $	77,5	57,8	167	503	33	354
Produit/Habitant	en $	7 868	11 318	4 339	9 114	3 310	6 200
Taux chômage	%	13,6	8,1	22	10,5	7,8	12,9

	UNITÉ	Irlande	Luxem-bourg	Portugal	Pays-Bas	RFA	Royaume-Uni
Superficie	en milliers de km²	70	3	92	37	249	245
Population	en millions	3,5	0,36	10,2	14,4	61,0	56,6
Densité	hab/km²	50,8	139	111	92,5	245	91,7
Population active Agriculture Industrie Tertiaire	100 %	16 28,9 55,1	4,2 33,5 62,3	23,9 33,9 42,2	4,9 28,1 67	5,6 40,9 53,5	2,6 32,3 65,1
Produit intérieur brut	en milliards de $	18,2	3,5	20,4	124	624	438
Produit/Habitant	en $	5 098	9 722	1 994	8 584	10 234	7 740
Taux chômage	%	17,6	1,6	8,3	12,6	8,4	13,3

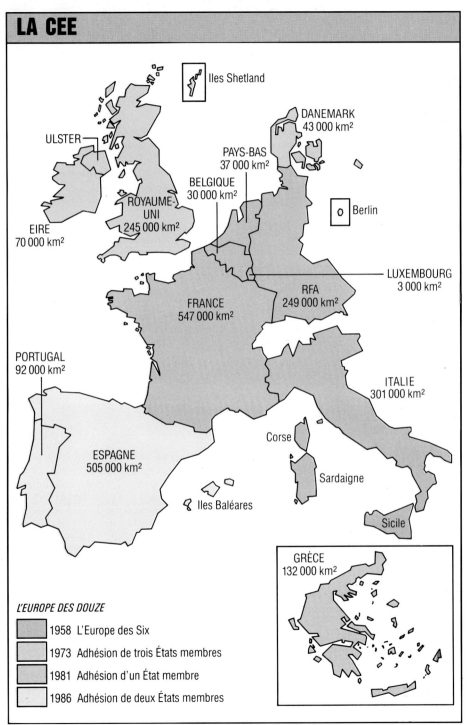

LA CEE

Iles Shetland

DANEMARK
43 000 km²

ULSTER

PAYS-BAS
37 000 km²

BELGIQUE
30 000 km²

ROYAUME-
UNI
245 000 km²

Berlin

EIRE
70 000 km²

LUXEMBOURG
3 000 km²

RFA
249 000 km²

FRANCE
547 000 km²

PORTUGAL
92 000 km²

ITALIE
301 000 km²

ESPAGNE
505 000 km²

Corse

Sardaigne

Iles Baléares

Sicile

GRÈCE
132 000 km²

L'EUROPE DES DOUZE

1958 L'Europe des Six

1973 Adhésion de trois États membres

1981 Adhésion d'un État membre

1986 Adhésion de deux États membres

CADRE NATUREL
POPULATION
ORGANISATION
VIE ÉCONOMIQUE
COMMUNICATION
FRANCE ET MONDE

L'Europe verte

L'Europe verte se place au second rang mondial, après les États-Unis, pour ses productions comme pour ses exportations agricoles. La politique agricole commune (PAC), mise en place depuis 1962, repose sur deux principes : la fixation annuelle de prix garantis au sein de la CEE, la préférence communautaire qui, par un système de taxes, amène les pays membres à s'approvisionner dans la communauté.
L'Europe verte dispose aujourd'hui de tels stocks qu'il lui a fallu envisager la limitation de certaines productions.

Le poids de la PAC

La répartition des dépenses budgétaires de la communauté

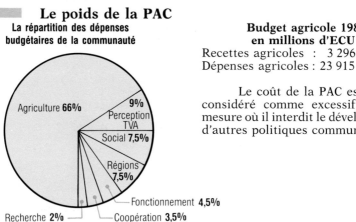

Agriculture **66%**
9% Perception TVA
Social **7,5%**
Régions **7,5%**
Fonctionnement **4,5%**
Recherche **2%**
Coopération **3,5%**

Budget agricole 1987 en millions d'ECU :
Recettes agricoles : 3 296
Dépenses agricoles : 23 915

Le coût de la PAC est souvent considéré comme excessif, dans la mesure où il interdit le développement d'autres politiques communes.

Les excédents de l'Europe verte

1,35 million de tonnes de beurre, 735 000 tonnes de viande de bœuf, 17 millions de tonnes de céréales, la CEE croule sous les excédents. La PAC, conçue pour favoriser l'autonomie alimentaire d'une Europe dépendant des marchés extérieurs, a largement dépassé ses objectifs. La modernisation des exploitations, l'augmentation des rendements ont permis à la CEE de devenir exportatrice en céréales, produits laitiers, sucre, vin de table et viande, dans le même temps qu'elle perdait la moitié de ses agriculteurs. Mais la gestion des stocks coûte très cher : 400 ECU (2 700 F) par tonne et par an pour le beurre et la viande.

Des perspectives nouvelles

Les prix garantis ont supprimé tout risque de mévente et ont conduit certains agriculteurs à produire toujours plus. Ce système a d'ailleurs favorisé les gros producteurs, les « usines à lait », bien plus que les petits éleveurs. A partir de 1983 de nouvelles orientations sont apparues : la fixation de quotas laitiers (1984), puis la diminution du prix des céréales (1985-1986). C'est aujourd'hui le gel des terres sous forme de primes à l'hectare pour les agriculteurs de plus de 55 ans qui cesseraient de produire pendant 5 ans. Mais pour éviter des conséquences néfastes (désertification, incendie...), cette mise en jachère des terres s'accompagnerait d'aménagements touristiques.

LE MÉCANISME DES PRIX AGRICOLES

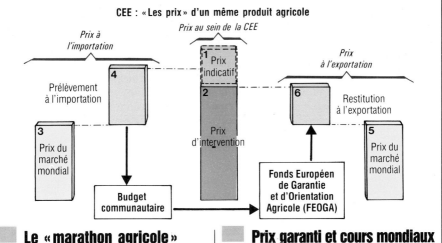

CEE : «Les prix» d'un même produit agricole

Le «marathon agricole»

Le Conseil des ministres de l'Agriculture fixe chaque année, au cours de discussions animées, traditionnellement appelées «marathon agricole», les prix européens de la plupart des produits. Ces prix sont établis en ECU. Il existe en fait deux prix : le prix indicatif (1) et le prix d'intervention (2) (95 % du premier). Le prix d'intervention fixe le seuil en dessous duquel la Communauté intervient. Pour maintenir les cours, des organismes spécialisés achètent des produits et les retirent du marché en les stockant.

Les montants compensatoires monétaires

Des montants compensatoires monétaires ont été mis en place, en 1969, dans le cadre des échanges intracommunautaires afin de remédier aux variations du taux de change des monnaies des pays membres. Les MCM fonctionnent comme des taxes à l'exportation si la monnaie du pays exportateur est faible, comme une subvention à l'exportation si la monnaie du pays exportateur est forte.

Prix garanti et cours mondiaux

La règle de la préférence communautaire a créé un système compensateur aux frontières de la CEE.

Quand un pays membre achète un produit à un cours mondial inférieur au prix d'intervention européen (3), le produit importé est frappé d'une taxe. Un «prélèvement» (4) rehausse son prix un peu au-dessus du prix communautaire.

Quand un pays membre trouve un acheteur extérieur à la CEE, à un cours mondial inférieur au prix d'intervention européen (5), le FEOGA apporte une subvention. Une «restitution à l'exportation» (6) complète la recette de la vente, afin d'atteindre l'équivalent du prix communautaire.

L'Europe verte donne, lors des marathons agricoles, l'image de la division. Elle est en fait l'un des piliers de la construction européenne. Elle a le mérite d'avoir créé, bien avant 1993, le premier vrai marché unique européen.

CADRE NATUREL
POPULATION
ORGANISATION
VIE ÉCONOMIQUE
COMMUNICATION
FRANCE ET MONDE

CEE : de l'océan aux étoiles

Première puissance commerciale du monde, la Communauté Économique Européenne présente de multiples facettes. De nombreuses structures communautaires s'ajoutent peu à peu à l'Union douanière et à l'Europe verte des débuts. Ainsi le système monétaire européen et l'ECU ; ainsi l'Europe bleue ; ainsi l'Europe des étoiles, construite autour d'Ariane, qui a fait de la CEE le troisième grand de l'espace. Mais la grande affaire d'un vingtième siècle finissant demeure aujourd'hui la réalisation du grand marché européen de 1993.

Le système monétaire européen

Le Système Monétaire Européen (SME) est né en 1978. Il a pour but d'établir une zone monétaire communautaire stable. Les variations du cours des monnaies nationales sont contenues dans une fourchette de + ou − 2,5 % par rapport à un cours pivot fixé pour chaque monnaie. Si une monnaie fait un écart supérieur aux limites définies, la Banque centrale intervient en achetant ou en vendant, sur le marché des changes, des devises du pays concerné.

Le SME a créé une monnaie européenne : l'European Currency Unit ou ECU. Il est possible de faire un emprunt en ECU, mais c'est avant tout une monnaie de compte, en fonction de laquelle sont quotidiennement cotées les valeurs des monnaies des différents pays membres.

L'Europe bleue

L'Europe bleue a vu le jour en 1983 sur le modèle de l'Europe verte. Elle a créé une zone maritime communautaire de 200 milles (voir page 70). Chaque pays membre de la CEE conserve à l'intérieur de cette zone une bande côtière de 12 milles réservée à ses pêcheurs riverains. L'entrée dans la communauté de l'Espagne et du Portugal a multiplié par deux le nombre de personnes employées dans le secteur de la pêche. Avec 6,5 millions de tonnes de prises annuelles, la CEE se place au troisième rang mondial, après le Japon (11,8 Mt) et l'URSS (10,5 Mt).

Vers le grand marché de 1993

L'Acte Unique Européen, ratifié par les 12 pays membres de la CEE en février 1986, a fixé à l'horizon du 31 décembre 1992 la création d'un grand espace économique unique où les marchandises circuleront en toute liberté. Selon l'article 8 du Traité de Rome de 1957, un tel « Marché Commun » devrait déjà exister. Dans les faits, si les derniers droits de douane intracommunautaires ont été éliminés en juillet 1968, la libre circulation des marchandises est entravée par des tracasseries administratives, techniques ou sanitaires, en vertu des différences de législation entre les États membres. Peut-être le Marché Commun méritera-t-il son nom en janvier 1993 ? Mais la constitution d'un réel espace économique unique sera handicapée par l'absence d'une vraie monnaie commune d'échange.

Les actionnaires d'Arianespace

CNES
(Centre
National
d'Études
Spatiales)   34%

SNIAS
(Société
Nationale
Industrielle
Aéronautique)   8,5%

SEP
(Société
Européenne
de Propulsion)   8,5%

Matra   3,6%
L'air liquide   1,85%
Divers   2,8%
Belgique   4,4%
Italie   3,4%
Suisse   2,7%
Espagne   2,5%
G.B.   2,4%
Suède   2,4%
Pays-Bas   2,2%
Danemark   0,7%
Irlande   0,25%

RFA   19,6%

FRANCE 59,25%

AUTRE PAYS DE LA CEE 40,75%

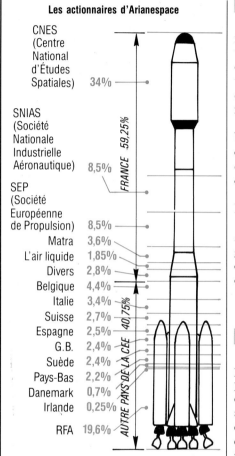

L'Agence Spatiale Européenne

L'Agence Spatiale Européenne (ASE) est née sous sa forme actuelle en 1975. Elle déborde, de par sa composition, le cadre strict de la CEE. Son rôle est de coordonner des travaux communs, d'analyser des projets élaborés dans un cadre national. L'ASE conduit un important programme scientifique qui a, entre autres, permis au satellite Giotto d'approcher la comète de Halley. Elle fabrique et loue des satellites de télécommunication, tel Météosat.

Trois atouts pour Ariane

La base spatiale de Kourou (Guyane française) est remarquablement positionnée. C'est le pas de tir le plus proche de l'équateur, or les satellites de télécommunication, le gros du marché, doivent être mis en orbite géostationnaire à la verticale de l'équateur.

La fusée Ariane est un lanceur très bien adapté à sa tâche : la mise en orbite géostationnaire à 35 885 km d'altitude. La navette spatiale américaine, très performante entre 600 et 1 200 km d'altitude, est mal adaptée à la mise en orbite géostationnaire.

La société Ariane-Espace est une société privée indépendante des contingences politiques et militaires. Elle gère comme elle l'entend son carnet de commande.

Demain... Hermès

L'Agence Spatiale Européenne prépare déjà le projet Hermès qui devrait permettre des vols habités indépendants des USA et de l'URSS. L'avion spatial Hermès, perché au sommet d'une fusée de type Ariane V, décollera de Kourou en 1995 avec trois hommes à bord.

L'enjeu stratégique de la conquête spatiale est évident. Mais l'enjeu économique est loin d'être négligeable. Ariane partage le marché du lancement de satellites avec la navette spatiale américaine. La mise sur orbite d'une douzaine de satellites par an rapportera beaucoup d'argent dans les années à venir.

CADRE NATUREL
POPULATION
ORGANISATION
VIE ÉCONOMIQUE
COMMUNICATION
FRANCE ET MONDE

La France et le tiers monde

Dans un monde partagé entre deux superpuissances, les USA et l'URSS, la France a su conserver son indépendance. Membre permanent du Conseil de sécurité de l'ONU, elle occupe une place particulière sur l'échiquier mondial. Elle s'efforce de jouer un rôle actif dans le dialogue Nord-Sud. Elle entend apporter aux pays en voie de développement, notamment en Afrique, son assistance technique et son aide financière. Elle propose l'annulation de ses créances sur les pays les plus pauvres. La dette du tiers monde envers la France a avoisiné 100 milliards de francs, dont les deux tiers restent à rembourser.

La coopération

Le ministère de la coopération étend sa compétence sur 29 états en développement : les états francophones de l'Afrique au sud du Sahara, ceux de l'océan Indien : Madagascar, l'Ile Maurice, les Seychelles ; les états de Gambie, de Guinée-Bissau et de Guinée Équatoriale, ainsi que Saint Thomas et Prince, Haïti, Sainte-Lucie et les petites Antilles.

La France envoie quelque 25 000 coopérants dans le tiers monde. Parmi eux 35 000 volontaires du service national. Ce sont les enseignants qui sont les plus nombreux. Les Français constituent d'ailleurs les trois cinquièmes des enseignants envoyés dans le tiers monde par les pays développés.

L'aide financière

La solidarité de la France envers le tiers monde se concrétise aussi par l'aide financière qu'elle apporte aux pays en voie de développement.

Cette aide représente 0,72 % du PNB et dépasse 5 000 millions de dollars par an. Mais si l'on déduit les sommes à destination des DOM-TOM, l'aide pour le tiers monde s'établit aux environs de 3 500 millions de dollars, soit 0, 49 % du PNB. En valeur relative, la part de richesse consacrée paraît faible. Mais la France se place au quatrième rang mondial après les USA, le Japon et la RFA pour l'effort consenti. L'aide française est constituée, pour plus de 85 %, de dons.

A cette aide publique, il faut ajouter une aide privée deux fois plus importante qui se concrétise sous forme d'investissements. Il arrive que les choix faits déséquilibrent totalement l'économie d'un pays en privilégiant par exemple les cultures d'exportation aux dépens des cultures vivrières.

La préférence africaine

Près de la moitié des coopérants français, le tiers du volume global de l'aide financière française, sont dirigés vers l'Afrique noire. Un petit tiers des coopérants et 10 % des aides sont envoyés au Maghreb.

Ces pays, qui ont accédé à l'indépendance après la seconde guerre mondiale, ont gardé des relations privilégiées avec l'ancienne puissance coloniale, tant sur les plans économique que culturel, et bien souvent militaire.

LA PRÉSENCE DE LA FRANCE EN AFRIQUE

▨ Aspects de la présence française en Afrique

Pays africains pour lesquels la France est le premier fournisseur.

Pays	Part du marché
Algérie	24 %
Cameroun	42 %
Congo	50 %
Côte-d'Ivoire	37,5 %
Gabon	52 %
Maroc	23 %
Sénégal	34 %
Tunisie	27 %

Le continent africain bénéficie pour des raisons historiques, mais aussi économiques, de la plus grande part de l'aide apportée par la France aux pays en voie de développement.

Pays africains avec lesquels la France a des échanges commerciaux bénéficiaires
Taux de couverture des échanges

▦ De 100% à 119%

▨ 120% et plus

▢ Pays francophones

∗ Pays ayant passé avec la France des accords de défense

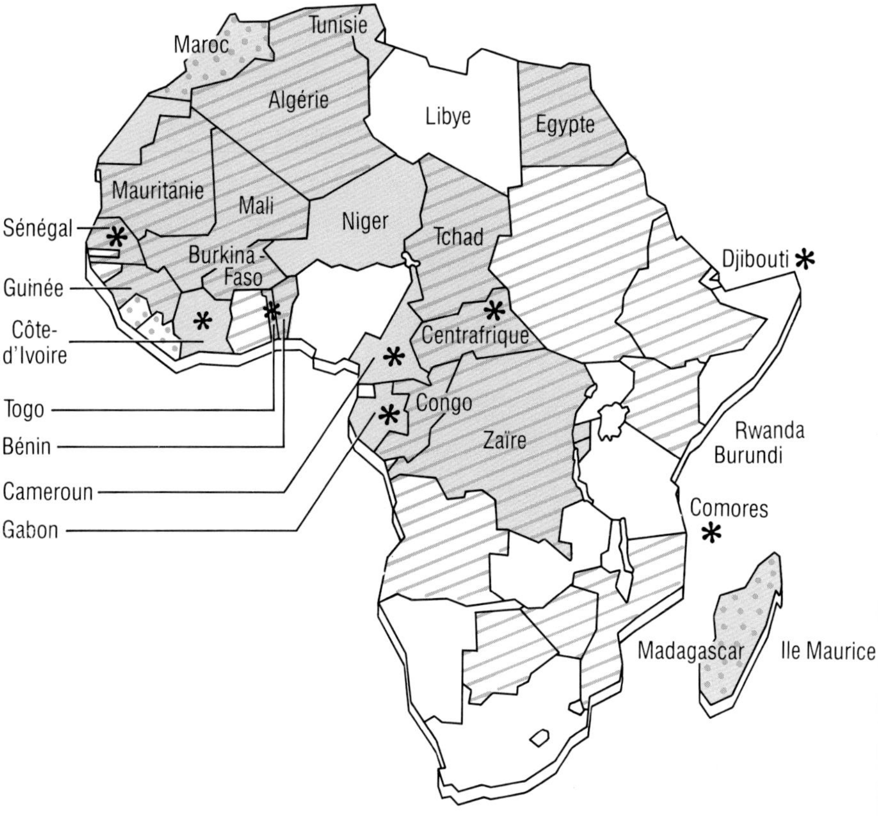

Maroc, Tunisie, Algérie, Libye, Egypte, Mauritanie, Mali, Niger, Tchad, Sénégal ∗, Burkina Faso, Guinée, Côte-d'Ivoire ∗, Togo, Bénin, Cameroun, Gabon, Centrafrique ∗, Congo ∗, Zaïre, Djibouti ∗, Rwanda, Burundi, Comores ∗, Madagascar, Ile Maurice

CADRE NATUREL
POPULATION
ORGANISATION
VIE ÉCONOMIQUE
COMMUNICATION
FRANCE ET MONDE

La présence française

Les Français et la langue française dans le monde

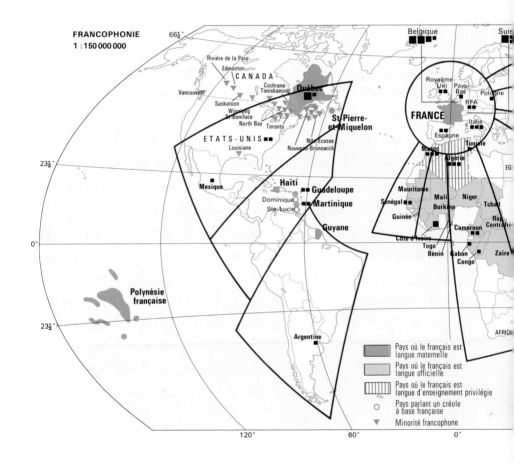

FRANCOPHONIE
1 : 150 000 000

Belgique · Suis

Royaume-
Uni Pays-
Bas Pologne

RFA

FRANCE
Italie

Espagne

Maroc Tunisie

EG

Algérie

66½°

Rivière de la Paix
Edmonton
C A N A D A
Cochrane
Timiskaming Québec
Vancouver
Saskatoon
Winnipeg
St-Boniface
North Bay Toronto
St-Pierre-
et-Miquelon
E T A T S - U N I S
Louisiane
Nlle-Écosse
Nouveau-Brunswick

23½°

Mexique

Haïti
Guadeloupe
Dominique
Ste-Lucie **Martinique**

Mauritanie
Sénégal Mali Niger
Guinée Burkina Tchad
Côte d'Ivoire Cameroun Rép.
Centrafri
Togo
Bénin Gabon Zaïre
Congo

Guyane

0°

Polynésie
française

23½°

Argentine

AFRIQ

Pays où le français est
langue maternelle

Pays où le français est
langue officielle

Pays où le français est
langue d'enseignement privilégie

○ Pays parlant un créole
à base française

▼ Minorité francophone

120° 60° 0°

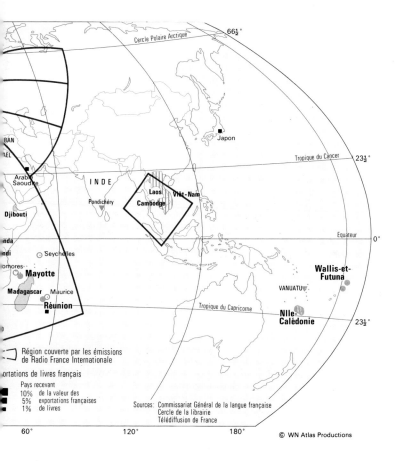

Cercle Polaire Arctique

66½°

Japon

Tropique du Cancer

23½°

BAN

ÈL

Arabie
Saoudite

I N D E

Djibouti

Pondichéry

Laos

Cambodge

Viêt-Nam

nda

ndi

Seychelles

Equateur

0°

omores

Mayotte

Wallis-et-
Futuna

Madagascar

Maurice

VANUATU

Réunion

Tropique du Capricorne

Nlle-
Calédonie

23½°

Région couverte par les émissions
de Radio France Internationale

ortations de livres français

Pays recevant
10% de la valeur des
5%   exportations françaises
1%   de livres

Sources: Commissariat Général de la langue française
        Cercle de la librairie
        Télédiffusion de France

60°   120°   180°

© WN Atlas Productions

CADRE NATUREL

POPULATION

ORGANISATION

VIE ÉCONOMIQUE

COMMUNICATION

FRANCE ET MONDE

Géostratégie du monde actuel

Aires d'influence et géopolitique dans le monde actuel

Etats militairement
neutres

Etats du dispositif militaire occidental
(Alliance Atlantique)

Etats liés au bloc occidental par des accords de défense,
des liens économiques et politiques :

Pacte de Rio (Assistance réciproque en cas
d'agression contre un état américain)

ASEAN (Association des Nations de l'Asie
du Sud-Est)

ACP - Afrique, Caraïbes, Pacifique
(Convention de Lomé III : relations avec la CEE)

Autres états   Sub-continent indien

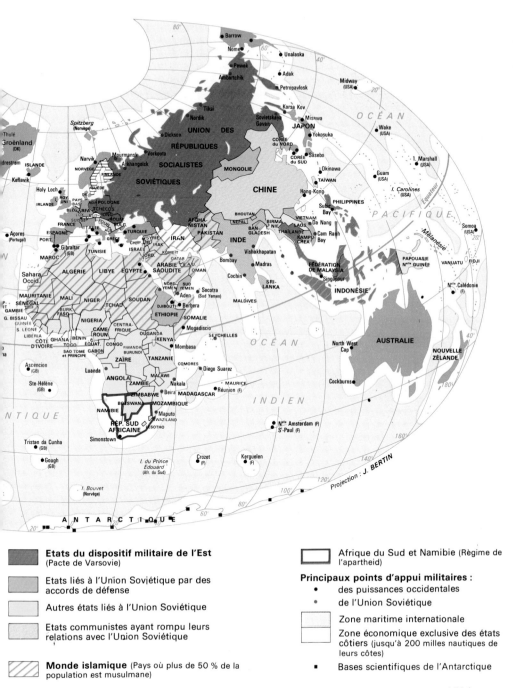

Etats du dispositif militaire de l'Est
(Pacte de Varsovie)

Etats liés à l'Union Soviétique par des accords de défense

Autres états liés à l'Union Soviétique

Etats communistes ayant rompu leurs relations avec l'Union Soviétique

Monde islamique (Pays où plus de 50 % de la population est musulmane)

Afrique du Sud et Namibie (Régime de l'apartheid)

Principaux points d'appui militaires :
- des puissances occidentales
- de l'Union Soviétique

Zone maritime internationale

Zone économique exclusive des états côtiers (jusqu'à 200 milles nautiques de leurs côtes)

- Bases scientifiques de l'Antarctique

151

Population des départements

Estimation de l'Insee au 1er janvier 1986 - en milliers

01 Ain	443,1	50 Manche	473,5
02 Aisne	535,5	51 Marne	550,7
03 Allier	365,0	52 Marne (Haute-)	210,4
04 Alpes-de-Haute-Provence	122,4	53 Mayenne	276,7
05 Alpes (Hautes-)	107,0	54 Meurthe-et-Moselle	711,7
06 Alpes-Maritimes	894,8	55 Meuse	198,3
07 Ardèche	271,6	56 Morbihan	604,7
08 Ardennes	299,2	57 Moselle	1 009,4
09 Ariège	134,7	58 Nièvre	236,2
10 Aube	292,1	59 Nord	2 501,3
11 Aude	286,0	60 Oise	689,0
12 Aveyron	277,9	61 Orne	295,4
13 Bouches-du-Rhône	1 740,9	62 Pas-de-Calais	1 421,9
14 Calvados	604,5	63 Puy-de-Dôme	601,9
15 Cantal	160,4	64 Pyrénées-Atlantiques	566,5
16 Charente	341,6	65 Pyrénées (Hautes-)	227,1
17 Charente-Maritime	519,5	66 Pyrénées Orientales	349,1
18 Cher	322,5	67 Rhin (Bas-)	938,0
19 Corrèze	242,0	68 Rhin (Haut-)	661,7
2A Corse-du-Sud	113,3	69 Rhône	1 460,9
2B Haute-Corse	135,4	70 Saône (Haute-)	237,7
21 Côte-d'Or	482,7	71 Saône-et-Loire	571,1
22 Côtes-du-Nord	544,6	72 Sarthe	511,5
23 Creuse	136,8	73 Savoie	333,1
24 Dordogne	380,1	74 Savoie (Haute-)	522,0
25 Doubs	468,9	76 Seine-Maritime	1 206,0
26 Drôme	404,0	79 Sèvres (Deux-)	344,6
27 Eure	486,7	80 Somme	549,5
28 Eure-et-I oir	378,8	81 Tarn	339,7
29 Finistère	840,6	82 Tarn-et-Garonne	194,5
30 Gard	558,1	83 Var	754,0
31 Garonne (Haute-)	851,5	84 Vaucluse	439,7
32 Gers	173,0	85 Vendée	499,7
33 Gironde	1 166,4	86 Vienne	377,9
34 Hérault	754,2	87 Vienne (Haute-)	357,0
35 Ille-et-Vilaine	774,3	88 Vosges	393,8
36 Indre	238,8	89 Yonne	317,3
37 Indre-et-Loire	520,9	90 Belfort (Territoire-de-)	133,8
38 Isère	980,6		
39 Jura	245,5		
40 Landes	302,9		
41 Loir-et-Cher	301,8	Région Parisienne	
42 Loire	738,2	75 Paris	2 127,9
43 Loire (Haute-)	207,1	77 Seine-et-Marne	976,5
44 Loire-Atlantique	1 029,7	78 Yvelines	1 267,8
45 Loiret	561,6	91 Essonne	1 027,3
46 Lot	156,7	92 Hauts-de-Seine	1 362,7
47 Lot-et-Garonne	302,3	93 Seine-Saint-Denis	1 332,4
48 Lozère	73,5	94 Val-de-Marne	1 182,6
49 Maine-et-Loire	700,1	95 Val-d'Oise	975,8

LES RÉGIONS EN CHIFFRES

Quelques chiffres nationaux à titre de repères :

France
96 départements, 36 527 communes
Capitale : Paris
Superficie : 551 965 km²
Population : 55 506 000 h
Densité : 100 h/km²
Espérance de vie : 74,6 ans
Population employée : 21 121 880
dont agriculture : 7,6 % ; industrie-bâtiment : 32 % ; tertiaire : 60,4 %
Taux de chômage : 10,5 %

Alsace
2 départements, 897 communes
Préfecture régionale : Strasbourg
Superficie : 8 280 km²
Population : 1 599 800 h
Densité : 193 h/km²
Espérance de vie : 73,3 ans
Emploi régional : 607 242 soit 2,9 % de l'emploi national
Agriculture : 4,1 % ; industrie - bâtiment : 38,6 % ; tertiaire : 57,3 %
Production : 3 % de la production nationale.
Taux de chômage : 7,8 %

Aquitaine
5 départements, 2 288 communes
Préfecture régionale : Bordeaux
Superficie : 41 308 km²
Population : 2 718 200 h
Densité : 66 h/km²
Espérance de vie : 75,2 ans
Emploi régional : 997 795 soit 4,7 % de l'emploi national
Agriculture : 13 % ; industrie - bâtiment : 27 % ; tertiaire : 60 %
Production : 4,5 % de la production nationale
Taux de chômage : 11,3 %

(Tableau de concordance entre départements et régions page 68).

Auvergne
4 départements, 1 310 communes
Préfecture régionale : Clermont-Ferrand
Superficie : 26 013 km²
Population : 1 334 400 h
Densité : 51 h/km²
Espérance de vie : 74,3 ans
Emploi régional : 504 277 soit 2,4 % de l'emploi national
Agriculture : 13,9 % ; industrie - bâtiment : 33 % ; tertiaire : 53,1 %
Production : 1,9 % de la production nationale
Taux de chômage : 10,3 %

Bourgogne
4 départements, 2 044 communes
Préfecture régionale : Dijon
Superficie : 31 582 km²
Population : 1 607 200 h
Densité : 51 h/km²
Espérance de vie : 74,7 ans
Emploi régional : 601 427 soit 2,8 % de l'emploi national
Agriculture : 10,8 % ; industrie - bâtiment : 33,8 % ; tertiaire : 55,4 %
Production : 2,5 % de la production nationale
Taux de chômage : 9,9 %

Bretagne
4 départements, 1 269 communes
Préfecture régionale : Rennes
Superficie : 27 208 km²
Population : 2 764 200 km
Densité : 101 h/km²
Espérance de vie : 73,1 ans
Emploi régional : 1 017 300 soit 4,8 % de l'emploi national
Agriculture : 15,7 % ; industrie - bâtiment : 26,8 % ; tertiaire : 57,5 %
Production : 3,5 % de la production nationale
Taux de chômage : 11,1 %

LES RÉGIONS EN CHIFFRES (suite)

Centre
6 départements, 1 842 communes
Préfecture régionale : Orléans
Superficie : 39 151 km²
Population : 2 324 400 h
Densité : 59 h/km²
Espérance de vie : 75,5 ans
Emploi régional : 886 573 soit 4,2 % de
l'emploi national
Agriculture : 10,1 % ; industrie - bâtiment : 35,1 % ; tertiaire : 54,8 %
Production : 3,3 % de la production
nationale
Taux de chômage : 9,6 %

Franche-Comté
4 départements, 1 784 communes
Préfecture régionale : Besançon
Superficie : 16 202 km²
Population : 1 085 900 h
Densité : 67 h/km²
Espérance de vie : 74,7 ans
Emploi régional : 402 818 soit 1,9 % de
l'emploi national
Agriculture : 7,9 % ; industrie - bâtiment :
42,1 % ; tertiaire : 50 %
Production : 1,7 % de la production
nationale
Taux de chômage : 9,6 %

Champagne-Ardenne
4 départements, 1 932 communes
Préfecture régionale : Châlons-sur-Marne
Superficie : 25 606 km²
Population : 1 352 500 h
Densité : 53 h/km²
Espérance de vie : 74,1 ans
Emploi régional : 504 900 soit 2,4 % de
l'emploi national
Agriculture : 11,1 % ; industrie - bâtiment : 35,4 % ; tertiaire : 53,5 %
Production : 2,3 % de la production
nationale
Taux de chômage : 11,5 %

Ile-de-France
8 départements, 1 281 communes
Préfecture régionale : Paris
Superficie : 12 012 km²
Population : 10 250 900 h
Densité : 853 h/km²
Espérance de vie : 75,4 ans
Emploi régional : 4 516 155 soit 21,4 % de
l'emploi national
Agriculture : 0,7 % ; industrie - bâtiment :
30,4 % ; tertiaire : 68,9 %
Production : 26,7 % de la production
nationale
Taux de chômage : 8,7 %

Corse
2 départements, 360 communes
Préfecture régionale : Ajaccio
Superficie : 8 680 km²
Population : 248 700 h
Densité : 28 h/km²
Espérance de vie : 75,1 ans
Emploi régional : 84 640 soit 0,40 % de
l'emploi national
Agriculture : 13,4 % ; industrie - bâtiment : 20,6 % ; tertiaire : 66 %
Production : 0,2 % de la production
nationale
Taux de chômage : 11,8 %

Languedoc-Roussillon
5 départements, 1 542 communes
Préfecture régionale : Montpellier
Superficie : 23 376 km²
Population : 2 011 900 h
Densité : 86 h/km²
Espérance de vie : 75,5 ans
Emploi régional : 634 932 soit 3 % de
l'emploi national
Agriculture : 11,8 % ; industrie - bâtiment : 23,3 % ; tertiaire : 64,9 %
Production : 2,7 % de la production
nationale
Taux de chômage : 13,9 %

LES RÉGIONS EN CHIFFRES (suite)

Limousin
3 départements, 747 communes
Préfecture régionale : Limoges
Superficie : 16 942 km²
Population : 735 800 h
Densité : 43 h/km²
Espérance de vie : 75,3 ans
Emploi régional : 279 500 soit 1,4 % de l'emploi national
Agriculture : 16,9 % ; industrie - bâtiment : 28,6 % ; tertiaire : 54,5 %
Production : 1 % de la production nationale
Taux de chômage : 8,9 %

Nord-Pas-de-Calais
2 départements, 1 550 communes
Préfecture régionale : Lille
Superficie : 12 414 km²
Population : 3 923 200 h
Densité : 316 h/km²
Espérance de vie : 71,8 ans
Emploi régional : 1 281 543 soit 6 % de l'emploi national
Agriculture : 4,8 % ; industrie - bâtiment : 38,2 % ; tertiaire : 57 %
Production : 6 % de la production nationale
Taux de chômage : 13,6 %

Lorraine
4 départements, 3 225 communes
Préfecture régionale : Metz
Superficie : 23 547 km²
Population : 2 313 200 h
Densité : 98 h/km²
Espérance de vie : 73,2 ans
Emploi régional : 804 424 soit 3,8 % de l'emploi national
Agriculture : 4,7 % ; industrie - bâtiment : 38,7 % ; tertiaire : 56,6 %
Production : 3,8 % de la production nationale
Taux de chômage : 10,8 %

Basse-Normandie
3 départements, 1 813 communes
Préfecture régionale : Caen
Superficie : 17 589 km²
Population : 1 373 400 h
Densité : 78 h/km²
Espérance de vie : 74,4 ans
Emploi régional : 532 100 soit 2,5 % de l'emploi national
Agriculture : 16,5 % ; industrie - bâtiment : 30,7 % ; tertiaire : 52,8 %
Production : 2 % de la production nationale
Taux de chômage : 11,2 %

Midi-Pyrénées
8 départements, 3 020 communes
Préfecture régionale : Toulouse
Superficie : 45 348 km²
Population : 2 355 100 h
Densité : 52 h/km²
Espérance de vie : 75,9 ans
Emploi régional : 869 800 soit 4,1 % de l'emploi national
Agriculture : 14,1 % ; industrie - bâtiment : 27,7 % ; tertiaire : 58,2 %
Production : 3,6 % de la production nationale
Taux de chômage : 9,5 %

Haute-Normandie
2 départements, 1 421 communes
Préfecture régionale : Rouen
Superficie : 12 317 km²
Population : 1 692 800 h
Densité : 137 h/km²
Espérance de vie : 73,8 ans
Emploi régional : 644 100 soit 3 % de l'emploi national
Agriculture : 5,9 % ; industrie - bâtiment : 37,9 % ; tertiaire : 56,2 %
Production : 3,2 % de la production nationale
Taux de chômage : 12,7 %

LES RÉGIONS EN CHIFFRES (fin)

Pays de la Loire
5 départements, 1 505 communes
Préfecture régionale : Nantes
Superficie : 32 082 km²
Population : 3 017 700 h
Densité : 94 h/km²
Espérance de vie : 74,9 ans
Emploi régional : 1 127 800 soit 5,3 % de l'emploi national
Agriculture : 13,3 % ; industrie - bâtiment : 34,7 % ; tertiaire : 52 %
Production : 4,7 % de la production nationale
Taux de chômage : 11,7 %

Picardie
3 départements, 2 293 communes
Préfecture régionale : Amiens
Superficie : 19 399 km²
Population : 1 774 000 h
Densité : 91 h/km²
Espérance de vie : 73,5 ans
Emploi régional : 613 839 soit 2,9 % de l'emploi national
Agriculture : 9,1 % ; industrie - bâtiment : 7,6 % ; tertiaire : 53,3 %
Production : 2,8 % de la production nationale
Taux de chômage : 11,3 %

Poitou-Charentes
4 départements, 1 465 communes
Préfecture régionale : Poitiers
Superficie : 25 809 km²
Population : 1 583 600 h
Densité : 61 h/km²
Espérance de vie : 75,8 ans
Emploi régional : 574 749 soit 2,7 % de l'emploi national
Agriculture : 15,2 % ; industrie - bâtiment : 29,2 % ; tertiaire : 55,6 %
Production : 2,2 % de la production nationale
Taux de chômage : 11,7 %

Provence-Alpes-Côte d'Azur
6 départements, 962 communes
Préfecture régionale : Marseille
Superficie : 31 400 km²
Population : 4 058 800 h
Densité : 129 h/km²
Espérance de vie : 75,3 ans
Emploi régional : 1 388 300 soit 6,5 % de l'emploi national
Agriculture : 4,8 % ; industrie - bâtiment : 29,4 % ; tertiaire : 70,6 %
Production : 6,8 % de la production nationale
Taux de chômage : 12,4 %

Rhône-Alpes
8 départements, 2 877 communes
Préfecture régionale : Lyon
Superficie : 43 698 km²
Population : 5 153 600 h
Densité : 118 h/km²
Espérance de vie : 75 ans
Emploi régional : 2 016 000 soit 9,5 % de l'emploi national
Agriculture : 5,4 % ; industrie - bâtiment : 37 % ; tertiaire : 57,6 %
Production : 9,8 % de la production nationale
Taux de chômage : 8,6 %

Index

Abbeville, 25.
Açores, 23.
Adour, 17.
Adventistes, 58.
Afrique, 5, 7, 10, 56, 146.
Agen, 17.
Agout, 17.
agriculture, 86, 87, 88, 99, 90, 91, 92, 93.
Aigoual (mont), 29.
Ain, 17, 68, 152.
Aisne, 68, 152.
Ajaccio, 31, 51, 154.
Alamans, 42.
Alboran, 71.
Algérie, 56, 113, 147.
Algériens, 57.
Allemagne, 8, 44. Voir RFA.
Allemands, 112.
Allier, 13, 17, 68, 152.
Alpes, 5, 6, 8, 9, 10, 11, 12, 15, 29, 45, 51, 57, 68, 69, 99, 110, 116, 118, 121, 152, 156.
Alpes-de-Haute-Provence, 68, 152.
Alpes (Hautes-), 68, 152.
Alpes (Maritimes), 47, 68, 77, 152.
alpin, 39, 40, 55.
Alsace, 10, 12, 13, 29, 30, 47, 57, 58, 68, 83, 88, 91, 96, 118, 153.
Alsacien, 55.
Américains, 112.
Amiens, 31, 51, 69, 156.
amplitude thermique, 30.
Angers, 51, 107.
Anglais, 112.
Angleterre, voir Grande-Bretagne.
Angoulême, 51.
Annecy, 51, 107.
Antarctique, 20.
Antilles, 37.
Aquitain (Bassin), 8, 12, 13, 34, 35, 38, 88.
Aquitaine, 29, 42, 68, 69, 118, 120, 153.
Arabes, 42.
Arcachon, 15, 95.
arctique, 24, 25.
Ardèche, 17, 68, 152.
Ardennes, 8, 9, 13, 68, 69, 88, 116, 152, 154.
Arette, 41.
Ariane-Espace, 20, 106, 144, 145.
Ariège, 17, 47, 68, 77, 152.

Arles, 17.
Armoricain (Massif), 8, 9, 12, 13, 15.
Artois, 9.
Arudy, 41.
Asiatiques, 56.
Assy, 41.
atlantique, 6, 12, 13, 14, 19, 21, 24, 30, 37, 38, 39, 71, 95, 108, 130, 132.
atmosphère, 22, 23.
Aube, 68, 152.
Aubusson, 103.
Aude, 17, 47, 68, 91, 152.
Aurillac, 107.
austral, 20, 37.
Australie, 20, 128.
Auvergne, 57, 68, 69, 93, 118, 153.
Aveyron, 17, 47, 68, 152.
Avignon, 51.

Banyuls, 7, 91.
Baptistes, 58.
Barbares, 42.
Basque (Pays), 30, 55.
Basse-Terre, 18, 19.
Bastia, 51.
Bayonne, 51.
Beaufort, 24.
Beaujolais, 13, 91.
Beaune, 128.
Beauvais, 25.
Belges, 42, 112.
Belgiques, 56, 75, 82, 114, 125, 126, 138, 139, 140, 141, 145.
Belle-Ile, 15.
Bergerac, 30.
Berre (étang de), 52.
Besançon, 31, 51, 69, 154.
Biarritz, 14.
Bise, 25.
Blavet, 17.
Bobigny, 53.
Bora-Bora, 21.
Bordeaux, 7, 17, 31, 51, 69, 90, 95, 103, 105, 128, 129, 130, 131, 132, 153.
Bordelais, 61, 91, 106.
Bouches-du-Rhône, 28, 77, 96, 154.
Bourg-en-Bresse, 63.
Bourges, 7, 51, 75, 106.
Bourget (Le), 53.
Bourgogne, 68, 69, 88, 90, 91, 92, 94, 118, 153.

Brest, 7, 28, 30, 31, 51, 95, 106, 107.
Bretagne, 29, 47, 51, 68, 69, 88, 92, 95, 108, 118, 120, 153.
bretonnes (côtes), 14, 34, 35, 88.
Briançon, 7.
Bruxelles, 94, 130.
Burgondes, 42.

Caen, 31, 51, 61, 69, 155.
Calais, 128, 130.
Calédonie (Nouvelle-), 20, 21, 70.
Calvados, 68, 152.
Camargue, 15, 88.
Cambrai, 25.
Cameroun, 147.
Canada, 75.
Cannes, 59.
Cantal, 12, 29, 68, 77, 93, 152.
Catholiques, 58, 59.
Caux (pays de), 15.
Cayenne, 21.
CEE, 6, 46, 56, 86, 92, 94, 96, 108, 114, 125, 126, 128, 138, 139, 140, 141, 142, 143, 144, 145.
Celtes, 42.
Centre, 68, 69, 88, 118, 154.
Cergy-Pontoise, 52, 53.
Cévennes, 13, 29, 40, 116.
Châlons-sur-Marne, 31, 69, 154.
Chambéry, 51, 107.
Chamonix, 41.
Champagne 13, 68, 69, 88, 90, 91, 118, 154.
Charente, 17, 58, 68, 69, 88, 91, 118, 152, 156.
Charente-Maritime, 68, 152.
Charolais, 92.
Chartres, 28.
Cher, 17, 68, 152.
Cherbourg, 8, 51, 95, 106.
Chine, 75, 92, 130, 139.
Christianisme, 58.
Ciotat (La), 28, 104.
Clermont-Ferrand, 31, 51, 69, 105, 153.
Clipperton, 70.
Commores, 20.
Concarneau, 95.
Concorde, 22.
Congo, 147.
Corée, 104, 127.
Corrèze, 68, 152.

Corse, 12, 13, 15, 29, 34, 45, 57, 68, 69, 91, 110, 114, 152, 154.
Corse (Haute-), 68, 152.
Corse-du-sud, 68, 152.
Côte d'Azur, 45, 57, 69, 91, 110, 118, 156.
Côte-d'Ivoire, 147.
Côte-d'Or, 68, 152.
Cotentin, 15, 30.
Côtes-du-Nord, 47, 152.
Crédit Lyonnais, 101.
Créteil, 53.
Creuse 17, 68, 77, 152.
cyclone, 37.

Danemark, 94, 114, 125, 138, 139, 140, 141, 145.
DATAR, 118.
Dauphiné, 88.
Decazeville, 109.
délinquance, 77.
départements, 68, 69, 152.
Dieppe, 95.
Dijon, 31, 51, 69, 128, 130, 132, 153.
diplômes, 73.
Djibouti, 147.
Dogger Bank, 71.
DOM-TOM, 70, 146.
Dordogne, 13, 17, 30, 68, 152.
Douai, 105.
Douarnenez, 95, 108.
Doubs, 17, 30, 68, 152.
Dourdan, 53.
Drac, 17.
Drôme, 68, 152.
Dunkerque, 7, 35, 98, 103, 104, 132.
Durance, 17.

ECU, 144.
Eiffel, 65.
Egypte, 75.
Elf Aquitaine, 100, 101, 107.
Épinal, 103, 109.
Escaut, 13, 17.
Espagne, 42, 56, 75, 94, 113, 114, 125, 126, 138, 139, 140, 141, 144, 145, 147.
Espagnols, 42, 90.
espérance de vie, 47.
Essonne, 47, 68, 152.
Est-Corse, 71.
Est-Sardaigne, 71.
États-Unis, voir USA.
Eure, 68, 152.
Eure-et-Loir, 28, 68, 152.
Europe, 6, 7, 10, 12, 30, 34, 50, 56, 82, 92, 102, 136, 138, 139, 142, 144.
Europe Bleue, 94, 144.

Évry, 52, 53.

Fécamp, 95.
Finistère, 6, 28, 47, 68, 71, 152.
Fisher Bank, 71.
Fladen Grounds, 71.
flamand, 34, 35.
Flandre, 14, 15, 29.
Foehn, 25.
Fort-de-France, 19.
Fos-sur-Mer, 102, 103.
Franc (monnaie), 123.
Francs, 42.
Franche-Comté, 68, 69, 118, 120, 154.
Francophonie, 146, 147, 148, 149.
Futuroscope, 107.

Gabon, 147.
Gard, 68, 91, 116, 152.
Garonne, 13, 17, 40.
Garonne (Haute-), 30, 47, 68, 152.
Gascogne, 6, 15.
Gaule, 42.
Gaulois, 42, 55.
Géosynclinal alpin, 8, 9, 10.
German Bright, 71.
Gers, 68, 77, 152.
Giens, 15.
Gironde, 68, 152.
Grand-Bornand, 40, 41.
Grande-Bretagne, 70, 74, 82, 114, 125, 126, 138, 139, 140, 141, 145.
Grande-Terre, 18.
Granges Sainte-Marie, 30.
Grecs, 25, 42.
Grèce, 75, 113, 114, 125, 140, 141.
Greenwich, 7.
Grenelle, 122.
Grenoble, 51, 107.
Gris-Nez (cap), 15.
Guebwiller, 12.
Guilvinec (Le), 95.
Guyane, 20, 21, 145.

Haïti, 146.
Havre (Le), 51, 85, 118, 119, 130, 132.
Hendaye, 7.
Hérault, 17, 30, 68, 91, 116, 152.
hercynien, 8, 9, 10, 11, 13.
Hexagone, 6, 7, 28, 58, 116, 128, 140.
Hollande, voir Pays-Bas.
Homosapiens, 8.

Humber, 71.
Huns, 42.

Ile-de-France, 45, 47, 68, 69, 83, 107, 110, 112, 118, 120, 121, 154.
Ille-et-Vilaine, 68, 152.
impôt, 121, 125.
Inde, 130.
Indre, 17, 68, 152.
Indre-et-Loire, 47, 68, 152.
industrie, 102, 103, 104, 105, 106, 107, 108, 109.
Irlande, 46, 114, 125, 139, 140, 141, 145.
Isère, 17, 68, 152.
Islam, 58.
Islande, 23.
Isle-d'Abeau, 52.
Israël, 75.
Italie, 42, 56, 79, 82, 90, 113, 114, 125, 126, 127, 138, 139, 140, 141, 144.
Italiens, 42, 57, 112.

Japon, 84, 104, 114, 126, 127, 130, 139, 141, 144, 146.
Juifs, 58.
Jura, 6, 10, 12, 13, 29, 68, 152.

Kourou, 20, 21, 145.

Lacq, 98.
Lambesc, 41.
Landes, 14, 15, 38, 68, 96, 98, 152.
Langres, 13, 30.
Languedoc, 13, 14, 15, 29, 42, 57, 68, 69, 90, 91, 110, 116, 118, 120, 154.
Lauterbourg, 7.
Leclerc, 101.
Lepuix, 28.
Leyre, 17.
Lille, 25, 30, 31, 51, 52, 69, 103, 129, 130, 131, 155.
Limagne, 10, 29.
Limoges, 31, 51, 69, 94, 118, 155.
lithosphériques (plaques), 5.
Loir, 17.
Loir-et-Cher, 68, 152.
Loire, 13, 17, 68, 69, 83, 92, 118, 152, 156.
Loire (Basse-), 88.
Loire (Haute-), 68, 152.
Loire (Val-de-), 29.
Loire-Atlantique, 68, 116, 152.
Loiret, 68, 152.
Londres, 130.
Lorient, 95, 106.

Lorraine, 12, 29, 47, 57, 58, 61, 68, 69, 98, 102, 118, 120, 155.
Lot, 68, 152.
Lot-et-Garonne, 68, 152.
Louvre, 65.
Loyauté (îles), 21.
lune, 14.
luthérienne (église), 58.
Luxembourg, 114, 125, 140, 141.
Lyon, 6, 14, 15, 17, 31, 51, 52, 53, 69, 103, 107, 129, 130, 131, 156.
Lys, 17.

Madagascar, 146, 147.
Maghreb, 79.
Maghrébins, 42.
Maine-et-Loire, 68, 152.
Manche, 6, 10, 13, 14, 68, 130, 152.
Manche Ouest, 71.
Manche Est, 71.
Mans (Le), 51, 105, 128.
Marennes et Oléron, 95.
Marie Galante, 19.
Marne, 17, 68, 152.
Marne (Haute-), 30, 68, 152.
Marne-la-Vallée, 52, 53, 107.
Maroc, 56, 113, 147.
Marocains, 57.
Maroni, 21.
Marseille, 31, 51, 52, 69, 85, 107, 118, 119, 129, 130, 131, 132.
Martigues, 95.
Martinique, 18, 19.
Massif Central, 8, 9, 10, 12, 13, 51, 92, 98.
Mayenne, 17, 68, 152.
Mayotte, 20.
Méditerranée, 6, 13, 14, 24, 30, 71, 104, 132.
méditerranéen, 34, 35, 38, 39, 42, 85.
Melun-Sénart, 52, 53.
Mer d'Irlande, 71.
Mer du Nord, 6, 13, 14, 104.
Méthodistes, 58.
Metz, 31, 51, 69, 107, 129, 131, 155.
Meurthe-et-Moselle, 68, 152.
Meuse, 13, 17, 68, 152.
Midi, 68, 69, 83, 88, 98, 118, 155.
montagnard, 38, 39.
Montagne Noire, 9.
Mont Blanc, 12, 22.
Mont Catalan, 9.
Monts d'Arrée, 12.
Mont-de-Marsan, 35.

Montereau, 17.
Montpellier, 30, 31, 51, 69, 107, 130, 154.
Morbihan, 15, 47, 68, 152.
mortalité, 46.
Morvan, 29.
Moselle, 17, 47, 68, 152.
Mouthe, 30.
Mulhouse, 51, 107, 128, 130.
Mururoa, 20.
Musulmans, 58.

Nancy, 35, 51, 75, 103, 107, 128.
Nantes, 17, 31, 51, 69, 104, 107, 132, 156.
Narbonne, 128.
natalité, 46.
Neige (Crêt de la), 12.
Nevers, 17.
Nice, 30, 41, 51, 107, 130.
Nièvre, 68, 152.
Nîmes, 51.
Noirmoutier, 15, 95.
Nord, 40, 47, 53, 57, 68, 69, 77, 83, 88, 92, 95, 98, 102, 104, 105, 116, 118, 120, 128, 155.
Nord Baléares, 71.
Nord Gascogne, 71.
Nord Irlande, 71.
normande, 40, 55.
Normandie, 14, 29, 42, 88.
Normandie (Basse-), 68, 69, 118, 155.
Normandie (Haute-), 68, 69, 118, 155.
Nouméa, 21.

océanique (climat), 34, 35, 38.
Oise, 17, 68, 152.
Oléron (île d'), 15, 41.
ONU, 146.
Orléans, 17, 31, 35, 51, 69, 75, 107, 129, 130, 131, 154.
Orly, 53.
Orne, 17, 68, 152.
Ouessant, 15.
Ouest-Bretagne, 71.
Ouest-Corse, 71.
Ouest-Écosse, 71.
Ouest-Irlande, 71.
Ouest-Portugal, 71.
Ouest-Sardaigne, 71.

Papeete, 21.
Parentis, 98.
Paris, 6, 7, 17, 30, 31, 32, 36, 40, 41, 45, 51, 53, 58, 59, 63, 65, 68, 69, 77, 129, 130, 131, 152, 154.
parisien, 8, 10, 12, 13, 29, 34,

35, 38, 40, 43, 50, 51, 52, 69, 85, 88, 98, 104, 105, 106, 121, 128.
Pas-de-Calais, 45, 47, 57, 68, 95, 98, 116, 118, 152, 155.
Pau, 51.
Pays-Bas, 114, 125, 126, 127, 138, 139, 140, 141, 145.
Pays-de-Loire, 118, 156.
pêche, 94, 95, 144.
Pelée (montagne), 18, 19.
Pentecôtistes, 58.
Perpignan, 51.
Pic du Midi, 35.
Picardie, 14, 68, 69, 88, 108, 118, 156.
Piton de la Fournaise, 18.
Piton des Neiges, 19.
Pointe-à-Pitre, 19, 37.
Poitiers, 31, 51, 69, 107, 156.
Poitou, 13, 29, 58, 68, 69, 118, 156.
polaire (cercle), 23, 24, 25.
Pologne, 56.
Polonais, 42.
Polynésie, 20, 37.
population, 44, 45, 46, 47, 48, 49, 50, 51.
Portugais, 42, 57.
Portugal, 56, 113, 114, 125, 140, 141, 144.
prison, 79.
Protestants, 58.
Provence, 14, 40, 45, 57, 69, 71, 91, 110, 115, 116, 118, 120, 121, 156.
Puy-de-Dôme, 68, 152.
Puy de Sancy, 12.
Puys (chaîne des), 12.
Pyla (dune du), 15.
Pyrénées, 6, 10, 11, 12, 13, 15, 29, 40, 68, 69, 93, 118.
Pyrénées-Atlantiques, 68, 98, 152.
Pyrénées (Hautes-), 68, 152.
Pyrénées-Orientales, 68, 116, 152.

Quiberon, 15.
Quimper, 41.

Rance, 38.
Raz (pointe du), 15, 35.
Ré (île de), 15.
Réformée (Église), 58.
régions, 63, 64, 153.
Reims, 51.
relief, 8, 10, 12, 13.
religions, 58, 59.
Rennes, 51, 69, 107, 129, 131, 153.

RFA, 8, 44, 75, 82, 84, 107, 114, 126, 127, 128, 138, 139, 140, 141, 145, 146.
Rhin, 6, 10, 13, 17, 130.
Rhin (Bas-), 41, 68, 152.
Rhin (Haut-), 47, 68, 152.
Rhône, 10, 13, 17, 45, 57, 69, 88, 98, 118, 132.
Rhône-Alpes, 110, 118, 156.
Rives de l'étang de Berre, 52.
Roanne, 17, 106.
Rochelle (La), 63, 95.
Roissy, 53.
Romain, 42.
Rouen, 17, 31, 51, 52, 69, 103, 132, 155.
Roussillon, 13, 29, 57, 68, 69, 91, 110, 118, 154.
Royaume-Uni, 84, 94, 143.
Rungis, 53.

Sables-d'Olonnes, 95, 108.
Saint-Brieuc, 95.
Saint-Denis (Paris), 53.
Saint-Denis (Réunion), 19, 37.
Saint-Émilion, 7, 91.
Saint-Étienne, 51, 103, 107.
Saint-Gobain, 101.
Saint-Malo, 95.
Saint-Michel (Mont-), 59, 65.
Saint-Nazaire, 95, 104, 130, 131.
Saint-Pierre et Miquelon, 20.
Saint-Quentin en Yvelines, 52, 53.
Sambre, 17.
Sandettie, 71.
Saône, 13, 17, 132.
Saône (Haute-), 68, 152.
Saône-et-Loire, 68, 152.
Sarthe, 17, 68, 152.
Savoie (Haute-), 68, 152.
Sedan, 90.
sédimentation, 8, 10, 11, 12, 13.
Sein (île de), 15.
Seine, 13, 17, 40, 53, 88, 98, 108, 132.

Seine-et-Marne, 68, 152.
Seine (Hauts-de-), 68, 152.
Seine-Maritime, 68, 96, 152.
Seine-Saint-Denis, 68, 77, 152.
Sénégal, 147.
service national, 75.
Sète, 95.
Sèvres (Deux-), 47, 68, 152.
Seyne (La), 104.
SMIC, 122,
SMIG, 120, 122.
Somme, 17, 47, 68, 152.
Sophia Antipolis, 107.
Soufrière, 18, 19.
Strasbourg, 30, 31, 51, 69, 105, 107, 129, 131, 153.
stratosphère, 22.
Sud-Baléares, 71.
Sud-Gascogne, 71.
Sud-Irlande, 71.
Sud-Sardaigne, 71.
Suisse, 12, 56, 114, 126, 145.
Sylvaner, 91.

Tahiti, 21, 36.
Tarn, 17, 47, 68, 152.
Tarn-et-Garonne, 68, 152.
technopole, 107.
techtonique, 5.
télécommunication, 136, 137, 140.
températures, 30, 31.
Terre Adélie, 20.
Terre-Neuve, 20.
Territoire de Belfort, 28, 68, 152.
tertiaire, 110.
textile, 102, 103.
Thio, 21.
Toulon, 14, 51, 106.
Toulouse, 17, 30, 31, 40, 51, 69, 88, 106, 107, 130, 155.
Touquet (Le), 25.
Tours, 17, 51, 128.
Traité de Rome, 144.
transports, 128, 129, 130, 131, 132, 133.
Traverse, 25.

troposphère, 22.
Troyes, 17, 51.
Truyère, 17.
Tunisie, 56, 113, 147.
Tunisiens, 57.
TVA, 124, 125.

URSS, 6, 74, 75, 92, 113, 139, 140, 141, 144, 145, 146.
USA, 6, 70, 74, 75, 84, 92, 99, 106, 107, 112, 114, 126, 127, 128, 136, 139, 140, 141, 142, 145, 146.

Val d'Isère, 42.
Val de Loire, 88, 91.
Val-d'Oise, 68, 152.
Val-de-Marne, 68, 152.
Valence, 17, 51.
Valenciennes, 105.
Vandales, 42.
Vannes, 90, 95.
Var, 68, 116, 152.
Vatican, 59.
Vaucluse, 68, 152.
Vaudreuil (Le), 52.
Vendée, 15, 68, 152.
vent, 24, 25.
Vent (îles sous le), 21.
Versailles, 53.
Vézère, 17.
Vikings, 41.
Vienne, 17, 47, 68, 152.
Vienne (Haute-), 47, 68, 152.
Vignemale (pic), 12.
Vilaine, 17.
Villeneuve-d'Ascq, 52, 107.
Voie lactée, 4.
Vosges, 8, 10, 12, 13, 34, 47, 68, 96, 152.

Wallis-et-Futuna, 20.
Wisigoths, 42.

Yeu (île d'), 15.
Yonne, 68, 152.
Yvelines, 68, 152.

Crédits iconographiques

p. 5 : Pour la science - nov. 83 ; p. 7 : La France dans le Monde, au cœur des terres émergées, illustration Graindorge, in ''La France et l'outre-mer'' par A. Bazin, W. Diville, H, Isnard, L. Pierrein, V. Prévot : © Belin, 1963 ; p. 17 : Atlas 2000 - Nathan ; p. 25 : © 1986 - Éditions Jean-Claude Lattès ; p. 29 : Atlas 2000 - Nathan ; p. 33 : Libération 6/5/87 ; p. 44 : Population et sociétés n° 211 INED ; p. 46 : Le Nouvel Observateur n° 1195 ; p. 51 : Atlas Eco 1986, Le Nouvel Observateur Cartographie et décision ; p. 54 : « Les plus beaux villages de France » - Sélection du Reader's Digest ; p. 55 : « Mille visages de la campagne française » - Sélection du Reader's Digest ; p. 65 : Explorer ; p. 75 : Service d'Information et de Relations publiques des Armées, Dossier d'information n° hors série, janv. 85 ; p. 83h : Service INSEE - Données Sociales 1987 ; p. 83b : Le Nouvel Observateur 13 - 19/2/87 ; p. 120 : INSEE - Données Sociales 1987 ; p. 129 : Atlas 2000 - Nathan ; p. 131 : Atlas 2000 - Nathan ; p. 133 : Atlas Stratégique - Géopolitique des rapports de force dans le monde © Librairie Artheme Fayard 1983 ; p. 135 : Atlas 2000 - Nathan ; p. 148-149 : Atlas 2000 - Nathan ; p. 150-151 : Atlas 2000 - Nathan.

Édition : Sylvie Ogée — **Coordination artistique :** Claire Baujat

Cartographie et schémas : Béatrice Couderc, Jean-Pierre Magnier — **Maquette :** Aline Devillard

Achevé d'imprimer par Corlet, Imprimeur, S.A. — 14110 Condé-sur-Noireau
N° d'Éditeur : T 50770 II (PFCS VII) CP — N° d'Imprimeur : 11174 — Dépôt légal : janvier 1989